不動氣也可 教出好孩子

家長必讀的正向育兒課

黃詠詩 著

萬里機構

說怎樣的話會帶來怎樣的效果

爸爸給氣得漲紅了臉,衝進兒子的房間,把電源插拔掉後大罵:「半夜啦!叫你先做家課,講到我口水都乾啦,你仍然打機未做家課……。」

兒子也非常生氣緊握雙拳尖叫:「我哋正圍攻敵人,你搞到我哋失去重要陣地……!」父子倆每晚都在爭吵。

以上的情況也許每天都在他家、你家和我家發生,父母既生氣又沮喪,更不知如何是好。

倘若換上另一處理方法,本來媽媽跟孩子說好再過15分鐘便要關電視機。快15分鐘了,孩子還興高采烈地看。

媽媽微笑語氣溫柔地說:「夠鐘啦!」

孩子:「等等!卡通快完,可否多看一會?」

媽媽揉着孩子的頭說:「你都幾鍾意呢套卡通㗎!」

孩子:「係呀!呢套卡通超好睇!」

媽媽:「不過今日好似有好多家課?」

孩子:「都係……」

媽媽：「其實我都希望你繼續睇，但係你就唔夠時間做家課啦！」

孩子：「咁又係⋯⋯」

媽媽：「不如今日先做家課，聽日交咗咁我哋咪有好多時間睇電視囉，媽媽都想同你一齊睇！」

孩子有點不情願，還是乖乖的關電視開始做家課。母子相處融合。

要事情怎樣發生、達到甚麼效果，我們是可以選擇的。各種專家之言、管教理論大家也許看過不少，然而實踐起來總是強差人意。

詠詩這本書，正好深入淺出地讓我們以正向親子的概念與態度、無忘與孩子快樂成長的初心、調節對孩子的期望、管好自己的情緒、以肯定及賞識的方法去教養我們的新一代，建立良好親子關係，也讓孩子愉快地學會各種生存及人際關係的技巧。

此書文筆輕快、幽默，是初為父母或在管教中感到迷惘的一本難得的參考。

曾繁光
2020年夏至於火炭悅愉空間

如果我的父母也這樣對我說話就好了……

在一次會診中，有位媽媽單獨來了，沒有帶她兩個孩子來，她到來的原因是在管教孩子的過程中，常常因太「忟憎」而說了傷害孩子的話。大兒子讀初小，活潑好動卻不愛守規矩，結果媽媽單是處理他和妹妹打打鬧鬧的事就生氣了很多次，甚麼難聽的話都說過。孩子哭了，媽媽又心痛起來，每天晚上都告訴自己不要再罵孩子了。第二天醒來，看到了孩子不聽話不守規矩，又忘記了前一晚的內疚。她和不少父母一樣，孩子在街上哭鬧時、拖延功課時、情緒爆發時，感受到「我實在正面不起來，也不知如何正面教孩子」的管教疲勞，難以維持原來希望正面育兒的初心。

現在新一代的父母都想以更正面的方法育兒，不希望只以權威令孩子服從，而令親子關係增添壓力。然而，你可有發現實行起來不容易呢？剛提到的那位媽媽是家中的長女，自小被教育要守規矩做好榜樣，也要在生活上遷就弟妹，這一份原生家庭的價值觀，即使自己不完全認同父母嚴厲的說話，但也反映在自己的育兒過程上。再加上育兒的過程遇上太多生活上的問題與困擾，結果忘記了孩子在自己的肚子裏時，自己曾經冀盼的幸福家庭生活，以及希望給予孩子滿滿的愛心。那位

媽媽一邊在理解自己可以如何使用正向溝通時,一邊在想「如果我的父母也會這樣對孩子說話就好了⋯⋯」。

正向育兒,不等於完全遷就孩子而不管教;正向育兒是指我們教育孩子的同時,也照顧彼此的感受,彼此包括了孩子、父母和其他照顧者。在正向育兒中,良好的溝通是十分重要——良好的溝通方法可以把管教孩子的說話與做法以正面角度展現出來,否則會把希望孩子變好的心轉成孩子的心靈重擔,長遠而言影響孩子的心理健康。

由接觸兒童心理學到成為臨床心理學家,我遇見很多有不同困難的家庭和有不同障礙的孩子,我一直相信不論有甚麼障礙與困難,還是會有方法令大家感到幸福快樂的。正向育兒如果使用得恰當,不只可以正面改善孩子行為、增進親子關係,也可以令孩子從父母的肯定中變得更有自信,協助孩子以正面的態度面對人生未來的挑戰。

這本書比較着重正向育兒中的「正向說法」與「正向做法」,讓你也可以把情理兼備的正向育兒實踐在生活中,並從情緒教育的角度提升孩子的抗逆能力,讓管教不再流於壓力,而是父母與孩子在管教的過程中都能感到幸福!

目錄

爸爸媽媽最關心的育兒問題速查

☞ 讓你更了解孩子的心理

● 孩子為甚麼明知故犯，繼續做出父母不喜歡的行為呢？

➡ 做錯事反而更易得到關注（p.16）

● 如何分辨孩子的鬧情緒是不合作還是有心理需要？

➡ 分辨不合作還是鬧情緒的三個重點（p.28）

● 孩子愈罰愈難教，是甚麼出錯了？

➡ 懲罰孩子是令孩子更合作還是不合作呢？（p.43）

● 如何與孩子談情緒？

➡「談情」基本篇（p.98）

👉 正向管教，生活實踐

● 我想指出孩子有甚麼做得不好而不令孩子反感，有正面的說法嗎？

➡ 不說孩子沒有做好甚麼，看你想孩子做到甚麼 (p.55)
➡ 指出不理想行為中的正面行為，引導孩子改善 (p.59)

● 在生活上給孩子選擇，孩子更聽話？

➡ 在可以的情況下，故意給孩子選擇的空間 (p.63)

● 為甚麼孩子不喜歡計時器呢？我又可以怎樣做？

➡ 把可以協助孩子改善行為的物品與方法正向演繹 (p.65)

● 常常對孩子說「不」有甚麼壞處？為甚麼小時候「話得聽」愈大卻愈難教？

➡ 孩子太經常被否定反而更不合作 (p.21)

● 理想的正向管教策略是如何平衡建立親子關係與管教嗎？

➡ 親子情感銀行 (p.23)

● 讚賞有用嗎？怎樣讚才有助正面推動孩子呢？

➡ 讚賞是最好的獎勵；讚賞的藝術：簡單而有描述性 (p.142)

● 學校面試的心理準備如何做？如何正向回應孩子有關面試的提問呢？

➡ 孩子的心理需要可能是父母的鏡子：我緊張，孩子也會緊張 (p.34)

● 為甚麼有時孩子好像不喜歡被讚賞？

➡ 不要讓「好話」失焦 (p.147)

👉 行為問題正向改善

● 怎樣令孩子做功課而不煩惱？

➡ 指出不理想行為中的正面行為，引導孩子改善；
（p.59）

➡ 在寫字與做功課上讓孩子與父母配合的小提議（p.72）

● 如何培養孩子負責任？

➡ 善用自然後果少用懲罰（p.69）

● 孩子吃飯問題很多，有時很慢，有時挑食，有時又打翻飯碗，可以如何處理？

➡ 4大原因讓作為父母的你更了解孩子的不合作（p.16）

➡ 善用自然後果少用懲罰（p.69）

➡ 把可以協助孩子改善行為的物品與方法正向演繹
（p.65）

● 孩子說謊了怎麼辦？如何協助孩子不再說謊呢？

➡ 了解孩子說謊的原因（p.83）

● 孩子怕小動物，生活上可以如何輔助孩子面對恐懼呢？

➡ 不用急着讓孩子面對恐懼 —— 行為上的處理方法
（p.39）

● 孩子做到了他害怕的事，父母可以如何回應孩子呢？

➡ 回應孩子的勇敢，讓孩子知道他也做得到！（p.40）

👉 孩子有情緒，我們可以正向處理嗎？

● 幼兒怕上學又常常在上學前哭鬧，我可以怎樣做？

➡ **面對孩子的分離焦慮，嘗試以「乾脆」的形式與孩子說再見（p.32）**

● 孩子感到恐懼時，我應該讓孩子退縮還是面對？

➡ **孩子害怕了，我應該要他面對還是退縮？（p.39）**

● 孩子有負面情緒，我可以如何處理以及與他傾談？

➡ **與孩子天天「談情」：挑戰篇（p.107）**

● 孩子遇上失敗，我應該說甚麼讓孩子保持信心？

➡ **與孩子談失敗，是接納失敗而不損自信的法則（p.123）**

👉 父母的情緒也要被好好照顧

● 我不想做惡爸／惡媽，為甚麼總是忍不住責怪孩子呢？

➡ **多讚賞孩子可令父母減少壞情緒（p.142）**

● 父母可以如何調節自己在管教時的情緒呢？

➡ **生氣時不責罵孩子的秘訣（p.155）**

第一步

孩子心理與行為

理解篇

會診室中的孩子心事

不願上學的心宜

　　心宜是個三歲的女孩子，她因為在初生嬰兒時身體有些狀況，全家對她的一舉一動也很敏感，如果她一哭起來，不論父母還是家中長輩都異常緊張。隨著孩子長大，身體健康情況也穩定下來，父母開始嘗試改變自己與孩子相處的方法。可是，長輩覺得三歲還是很年幼，所以還是很怕孩子哭，孩子一哭就會給她想要的東西，這已成為生活常態。

　　心宜是個很聰明的孩子，說話學得很快，學習能力也很好，不過「駁咀」也學得很快，她很會拒絕自己不喜歡的事，例如遇到不喜歡的食物就會拒絕進食，媽媽試過對她說「不吃飯會長不大的」，心宜卻回答「但我可以飲奶呀」，讓媽媽哭笑不得。本來這些都看似不是甚麼大問題，可是心宜上學出現了問題，這才是讓父母頭痛的事情。

　　不知道為甚麼，她初上幼兒班時沒有問題的，但上了幾個月後，她突然不願上學，每每到校園門前就開始

哭起來，帶她上學的嫲嫲不知如何是好，試過好幾次只好把她帶回家。爸爸媽媽當然很緊張詢問過孩子在學校的情況，但就是沒有特別的事發生過，她在學校甚麼也吃，也很合作，有幾個她喜歡的同學會一起玩耍。媽媽起初覺得心宜在欺負嫲嫲，於是讓她罰企好幾次，但是情況沒有改善，心宜還生了媽媽氣，不讓媽媽在睡前與她說故事。

於是，父母決定自己親自帶心宜上學看看，她也是一樣地哭，說着不想離開媽媽，很想回家與嫲嫲一起看電視，媽媽只好直接把她抱起交給老師，然後偷看她在學校裏的情況，不消幾分鐘，心宜沒有再哭了，去了和她的同學玩玩具。

心宜的爸爸媽媽很苦惱，到底孩子為甚麼會這樣的？他們甚至很怕與孩子在生活上談起情緒，怕孩子會想起不愉快的經歷。

孩子有時不聽話，是甚麼原因導致呢？孩子鬧情緒，是不合作還是心理問題呢？

1 Trouble 2 後是不是有 trouble 3, 4, 5 ?

孩子為甚麼不聽話了？

4 大原因讓作為父母的你更了解孩子的不合作。

1.1 做錯事反而更易得到關注

現今社會不少雙職父母，工作十分忙碌，都是到晚上才有機會與孩子相處，甚至晚上回到家其實都十分疲憊。即使父母間其中一方在家照顧孩子，也不一定代表很多時間關注孩子，因為每一天要處理的事太多，如果孩子不是發生甚麼事，可能也不會特別關注他們。好像心宜的例子中，她明顯不是一個原本就挑食的孩子，因為她在學校是甚麼也吃的，但當我們使用行為分析法時，很快就會理解到孩子在家中挑食的原因。我們看看她行為的分析是如何：

前因 （Antecedent）	● 孩子吃飯 ● 父母在傾談 ● 嫲嫲在看電視

行為 （Behaviour）	孩子說不喜歡今天的餸菜，然 後不吃了

結果 （Consequence）	● 父母詢問孩子因由 ● 嫲嫲陪伴孩子吃飯 ● 父母一直看着孩子 ● 孩子吃起來，父母讚她合作

孩子在乖乖吃飯時沒有人理會她，家中成人各自做自己的事（父母在傾談，嫲嫲在看電視），但當孩子不聽話不合作時（說不喜歡今天的餸菜），反而全部人都一起關注她。當她不合作後再次合作起來，又會得到父母的讚賞，做錯事反而更易得到關注，做好行為卻沒有人看見，就是其中一個讓孩子不合作的原因。

這個情況不只在年幼的孩子身上發生，在上了小學甚至更年長的孩子身上也會發生。當孩子長大後，我們給的關注可能比孩童期更少，因為孩子在不少生活問題上都能獨立運作，父母可能都會花多一些時間與關注在

其他生活事務上；又或是在家中弟弟妹妹出世後，孩子會比原本突然多了不合作或行為問題，都是與希望獲得關注有關。因此，有時候有些孩子好像故意在生活上或是學校中做出不合作行為，令忽略了自己的父母可以重新關注自己。

父母的關注對孩子來說是你想像不到的寶貴，正面關注如關心（好像例子中關心孩子為何不吃了）固然很吸引，但即使負面關注如責備都可以有相同的效果。例如試過有上了高小的孩子每天把家中弄得很凌亂，每天也被媽媽責罵，卻又每晚都與媽媽道歉並哄媽媽高興，後來孩子在有一次診症中說出了「如果不是有問題，媽媽回到家也不理我呢！」，完全把那一種即使是負面關注也比沒有關注好的心態表露無遺。

說到這裏你可能會好奇，那我是不是不應關注孩子呢？又或是在孩子做出行為問題後是不是應該完全不理他？雖然在兒童心理學中我們是有「故意忽略」（ignoring）這概念以處理行為問題，但使用「故意忽略」也有不少要注意的地方，如我們要肯定那個是希望獲得關注的行為問題，而環境上也要許可（如孩子在街上大哭，我們總不能不理孩子），因此不少父母也會認為實行起上來十分困難。從正面的角度處理，實行性更高的是給予孩子固定的正面關注，並特別關注孩子的好

行為，畢竟孩子想要的是父母的關注，只拿走關注而不照顧孩子的心靈需要，是不會幫助孩子的行為重回正軌的。

心宜在吃飯，父母也在一起吃。

媽媽：「心宜做得很好，一直也在吃。不過你好像很少吃這個肉呢！」

心宜：「這個肉肉不好吃！」

媽媽：「覺得不好吃剛才也嘗試吃，心宜真是乖孩子呢！」

心宜高興的看着媽媽，把那塊肉放進口中，媽媽也輕撫孩子的頭。

在心宜的情況中，父母應用了給予孩子固定的正面關注的技巧，父母在她的行為（在家中挑食）出現前，已經以說話給她「吃飯」這行為正面關注，從剛才我們提到的前因（antecedent）入手。即使孩子提出問題（肉不好吃），也引導孩子注意自己做得好的那一面（不好吃也嘗試吃），讓孩子感受到好行為會得到關注這原因與結果（consequence），並在飯桌上持續給予孩子關注，讓孩子不會感到被忽略。

正面的關注與讚賞是息息相關並是讓孩子行為變得更正面的必要因素，我們在第四步「不做惡爸惡媽：父母情緒篇」會討論更多應用讚賞與獎勵（reward）的方法與注意事項。

你的孩子有時也會有令你想不通的行為嗎？你也可以填填下表看看能否助你理解到問題的成因。

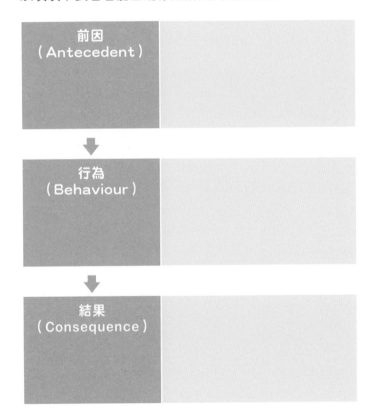

前因
（Antecedent）

行為
（Behaviour）

結果
（Consequence）

1.2 孩子經常被否定反而更不合作

當我們於生活上留意孩子時，有沒有發現自己常常留意到孩子有甚麼「問題」而非有甚麼「優點」呢？當父母的視角傾向「問題」時，我們不其然就會容易把「唔好」（不要）掛在口邊，常常叫孩子不要這樣做不要那樣做，令到孩子經常受到否定；又或是在孩子做得好時，還是會被認為做得不夠多。不少天生比較好動的孩子就因為其好動行為，不論在學校還是在家中也會經常面對這個問題；也有些時候是父母不自覺地因為希望孩子改進而常常否定孩子於生活上的行為。長期受到否定的孩子會發生甚麼事呢？

NG 例子

偉賢是一個小六的學生，他讀書成績中等，但因為父母常常認為他可以做得更好而長期被否定，很少被欣賞。

媽媽：「你可以準時一點上鋼琴課嗎？」

偉賢：「但我還有很多時間呀……」

媽媽：「早一點不是更好嗎？早到是美德。」

偉賢：「早了又怎樣，不也是等嗎？」

媽媽：「你為甚麼就不願聽我說話呢？」

偉賢不作聲，他其實沒有事做的，但就是等到最後一刻才出門。

　　有些時候因為生活與學習需要，我們會向孩子指出錯處，但如果孩子常常聽到自己做錯甚麼，有甚麼做得未夠好，有些孩子會對否定麻木起來，形成放棄心態，就好像剛才例子中的偉賢一樣，因為即使沒有錯也會被認為做得不夠好，做得好也不會得到肯定，結果有時媽媽的提醒或建議是有用的他都不會做。

　　另一方面，也有些孩子太經常被否定，而形成了反叛的對抗心態，在表面上看來就會呈現出常常不合作的情況。面對被自己的親人否定，孩子其實也會有自己的感受，這些感受可以是失落、灰心，也可以是憤怒。有些人會問為甚麼專注力不好、活躍的孩子較容易有對抗

行為呢？當然可以與基因及孩子的衝動性有關，但同時也與孩子常常被否定與相關的負面感受有關。

好像上一部分我們提到的難以得到正面關注，固然也會在常被否定的孩子身上發生，同時在常被否定的孩子眼中，他們就是「大人」一直說做得不好的角色，小朋友又怎會有動力與「大人」合作呢？年幼的孩子很少能把自己被否定的感受說出來，也不會太理解自己為甚麼不與父母合作；年紀大一點的孩子有些可以把這種感受說出，曾有青春期的孩子對我說過「媽媽說我做得不好，她好像也不知道我有努力，我就做得再差一點，她就會明白甚麼是真正的不好了」，說出了自己被否定而變得反叛的心態。

既然生活上難避免否定孩子又很擔心會失去親子平衡可以怎麼辦呢？近年在外國就興起了一個很值得參考的概念——親子情感銀行（emotional bank account / emotional piggy bank），這個概念原先由Dr. Stephen Covey提出用於關係管理上，而John Gottman就於這個概念上提倡了 5:1 的黃金比例。

我們可以想像以存錢的概念為親子關係作正面存款，如正面互動與傾談、遊戲時間、對孩子生活點滴的讚賞、欣賞孩子微小的正面轉變等，這些存款有助孩子建立正面的自我形象和與父母間的互信關係；每存款了

5次代表了你有1次提款的機會。而提款包括了對孩子的否定、指出孩子於生活上的錯處、怪責孩子等等，在生活上我們會有不少時候避不過要提款，如孩子不起床、食飯很慢、父母因管教疲勞而動氣等，因此存款是更為重要，要每天都做，長遠就可以在正面管教與處理孩子問題之間取得平衡。

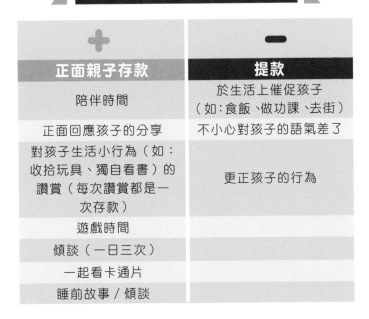

親子關係 Balance Sheet	
➕ 正面親子存款	**➖ 提款**
陪伴時間	於生活上催促孩子（如：食飯、做功課、去街）
正面回應孩子的分享	不小心對孩子的語氣差了
對孩子生活小行為（如：收拾玩具、獨自看書）的讚賞（每次讚賞都是一次存款）	更正孩子的行為
遊戲時間	
傾談（一日三次）	
一起看卡通片	
睡前故事／傾談	

＊正向小提示：存款不一定要是大事，可以從生活的小事累積；每五次存款才可提款一次。

正向 checkpoint

孩子太經常被否定反而更不合作，親子關係平衡可提醒我們日常多作正面親子存款，即使生活上會有提款也不用擔心孩子會感受到太多負面否定。

1.3 長期使用不恰當方法處理孩子的行為

孩子的不合作也可以與不恰當的處理方法有關，例如現時平板電腦大行其道，還有不少可以啟發兒童認知能力的遊戲與卡通片，很多孩子還未學好說完整句子已經學會開平板電腦找他們想找的東西。近年來多了不少診症問題是與不恰當的方法處理孩子行為有關，例如孩子沒有卡通看就不吃飯，當做行為分析時發現原來孩子年紀小小不吃飯時家中傭人就給他看卡通，有卡通看時就會乖乖吃飯了，但當再長大一點想孩子自己吃飯，孩子一是看着卡通不動，一是沒有卡通不吃，家中成人幾乎每晚都會因這個問題爭論一番，最後才發現原來一直用錯了方法引導孩子吃飯。

使用不恰當的方法處理孩子行為還有不少的生活例子，例如孩子沒有耐性坐定溫習，卻被要求要坐得愈長時間愈好、孩子一哭就把原本的規則放棄、又或是好像心宜的情況——孩子在學校門口哭就可以回到家中不上學，<u>這些方法都有共通點，就是與孩子的需要背道而馳和使孩子的行為變得更難處理</u>。使用不恰當的方法處理孩子行為一般是基於對孩子行為不理解與未找到其他處理方法有關，我們在書中第三步「讓孩子幸福：孩子情緒篇」會討論更多方法理解孩子不合作與負面情緒背後的原因，也會在第二步「問題行為正向拆解」了解更多處理孩子行為的技巧。

正向 checkpoint

當我們發現處理孩子行為的方法令孩子的行為變得更難處理，又或是令孩子情緒化的情況加劇，就有可能是代表該方法對你的孩子來說並不恰當。

值得注意的是因為每個孩子都有不同的需要與特性，別人試過有用的方法也不一定適用於其他孩子的。

1.4 孩子自身的困難——不聽話是因不能而非不為也

當留意到孩子不合作時，我們最要注意的是孩子不合作的情況會否和他自身的困難與不足有關呢？在心宜的例子中，有個很令父母矛盾的問題，她在日常生活也有不少不合作的時候，於是在她不願上學時父母第一時間想到的就是——孩子今次又因為甚麼不合作呢？而沒有想到孩子可能是有一些困難她處理不到。

也許我們從孩子的角度想想，如果可以配合到身邊成年人的要求而令大家都覺得自己是乖孩子，他們又何樂而不為呢？孩子的不合作如不願與不熟悉的人交談、於等待時發脾氣、害怕時完全不回答他人問題等，不少時候也包含了自身的困難，如情緒處理困難、怕生、耐性不足等等。當我們留意到孩子不合作，特別是年紀較少的孩子，我們也可以注意一下孩子有沒有甚麼情緒上與能力上的困難呢？接下來我們就會探討孩子不合作時的潛在情緒的可能性。

2 分辨鬧情緒是不合作還是有心理需要 (psychological needs)

孩子為甚麼總是在鬧情緒，而且做出不合作的行為？

孩子鬧情緒時有可能是表達一種心理需要。

　　在不同年紀的孩子中也會有鬧情緒的情況，當孩子鬧情緒時，我們會很容易誤會孩子為不合作，以下三個重點可以幫助我們簡單分辨他們是不合作還是有心理需要：

> **分辨兒童鬧情緒是不合作
> 還是有心理需要的三個重點**
>
> ● 是單一事件還是持續了一段時間？
> ● 鬧情緒的情況對孩子生活功能有大影
>   響嗎？有沒有影響孩子做基本要做的
>   任務？
> ● 可不可以簡單處理？

2.1 是單一事件還是持續了一段時間？

　　第一點，當我們觀察孩子的行為時要留意他們鬧情緒的情況是單一事件還是持續了一段時間。有些情況，如孩子上興趣班不跟老師的指令、在家中有一天的晚上不願去睡覺，如果只是發生了一兩次，又或是很久才發生一次，可能只是因為孩子的心情或是剛好那天疲倦而產生的問題；但如果常常都發生，好像心宜的例子中她持續都抗拒上學，就可能是在反映孩子更大的心理需要。

2.2 鬧情緒的情況對孩子生活功能有大影響嗎？會否影響到孩子做不到基本要做的任務？

第二點要思考的就是孩子鬧情緒的情況會否為孩子的生活帶來障礙。例如有些孩子天生比較易哭，父母說的話嚴厲一點就會哭，但如果同時很快就會平復過來，而情況也不影響孩子上學與其他生活功能，那孩子雖然會鬧情緒，但情況沒有很讓人擔心（父母也可以看看第三步「讓孩子幸福：孩子情緒篇」，了解如何與孩子溝通。）

我們可以參考另一個情況：樂文在幼稚園低班上高班的暑假參加了一個小一學校面試，他在面試的時候一句話也沒有說，老師請他畫畫，他卻把那張紙搓成一團，這件事雖然是單一事件，不過影響到孩子做不到基本任務，他的鬧情緒就看似不只是不合作，而是背後有不可被忽視的心理需要。

2.3 可不可以簡單處理得到？

最後當然就是問題可不可以簡單處理得到，如有些孩子因吃飯很慢而常與父母弄得不高興，但當孩子到5歲左右，父母用計時器協助孩子，孩子就很快進步起來，那即使先前孩子是有鬧情緒，但看來就不是有較深層的心理需要了。當然，處理得到與否也與方法有關，但如果發現簡單的方法都沒有用，就可能是反映了孩子的鬧情緒與他的心理需要有關。

3 「焦慮」及「害怕」是鬧情緒背後的心理需要

　　孩子可以同時有不合作行為和與其情緒有關的心理需要，就好像心宜的例子中，我們從行為分析知道她在家中因為希望得到關注而出現相關的不合作行為，不過她在上學時的分離困難，其實就展現了分離焦慮的情況。她的情況符合了我們剛才列出的三個重點：1.持續了一段時間；2.情況對孩子生活有所影響；而且3.不可以被簡單處理得到。<u>有焦慮情緒的孩子於生活上容易被誤以為不合作</u>，而一般有焦慮情緒的孩子也較少能夠直接說出自己焦慮的因由，這是他們常常被誤解的原因。即使孩子不是有焦慮症，在成長過程中也可以產生焦慮情緒。

正向 checkpoint

　　孩子表面上看似不合作的鬧情緒，實質上是反映孩子不同的心理需要，而有焦慮情緒的孩子於生活上也很容易被誤以為不合作。

知道孩子上學時因為焦慮而
鬧情緒後，應該怎樣處理？

面對孩子的分離焦慮，嘗試以
「乾脆」的形式與孩子說再見。

在心宜的情況中，我們把她的情況分析之後，就想深入了解父母是如何處理孩子上學時的情況。這個年紀的孩子未能完整表達自己的感受，當然也不擅於幫助自己舒緩情緒，身邊成人的角色就會變得更重要。在與心宜的父母了解的過程中，發現不少時候在上學前媽媽與嫲嫲都會和心宜傾談上學不要再哭這問題，到達學校門口還會再傾談一番，但好像傾談時間較長的日子比傾談時間較短的日子，更難處理孩子的情況。

**NG
例子**

> 媽媽：「心宜拜拜了！」
>
> 心宜：「媽媽……」
>
> 媽媽：「心宜是不是有甚麼事了？」
>
> 心宜：「我不想進去……」
>
> 媽媽：「為甚麼呀？」
>
> 心宜：「我想回家與你和嫲嫲一起……」
>
> 媽媽：「但現在你要上堂了。」
>
> 心宜開始哭起來，而且愈哭愈大聲。

媽媽的原意是希望多關顧孩子的感受，不過在初發的分離焦慮中，我們會先嘗試以比較「乾脆」的形式與孩子說再見。在分離的現場，<u>太多說話未必比少說話好</u>，如果想要關顧孩子的感受，可以待回家後有需要才討論。心宜的媽媽後來再嘗試陪心宜回校，這一次她一早準備好說甚麼，也與老師約好時間在學校門口接心宜入學校。

正面語句例子

到學校前，媽媽與心宜在說孩子喜歡的卡通話題。到學校門口時：

媽媽：「心宜拜拜了！」

心宜：「媽媽……」

媽媽：「媽媽會買你喜歡的小蛋糕接你放學呢！」然後親一親孩子。

雖然媽媽知道心宜還是有點不捨，不過她在老師的配合下很快把孩子交給了老師，然後微笑揮手離開。

有好幾天媽媽都以差不多的方法把孩子送上學，當然，媽媽亦按承諾接了孩子放學，同時使用了第三步「讓孩子幸福：孩子情緒篇」中的方法與孩子在日常生活多談情緒，平日也不用避開情緒這話題，並多了給孩

子正面關注。嫲嫲也參考了這個方式帶孩子上學並說再見，孩子的分離焦慮很快就消散了。

正向 checkpoint

我們以為多說話可以安慰孩子的不安，但在與孩子分離的現場，太多說話未必比少說話好。日常生活多談情緒，才是與孩子於情緒上溝通的更理想做法。

孩子的心理需要可能是父母的鏡子：我緊張，孩子也會緊張。

在樂文小一面試的例子中，他在面試的時候一句話也沒有說，老師請他畫畫，他更把那張紙搓成一團，爸爸媽媽第一次看到孩子這樣的表現，感到擔心之餘，也不知應該如何協助孩子。雖然父母也感到孩子的不合作可能與緊張有關，但孩子一直在生活上也沒有嚴重的問

題，因此也不知道為甚麼孩子會在面試時發生這樣的情況。當了解下去，發現那次原來是孩子第一次去面試，父母都想孩子輕鬆參與，沒有在事前談到面試是甚麼；而媽媽自己也十分緊張，她擔心孩子進不了這間學校就沒有其他更合適的選擇。

NG
例子

在出發面試前，媽媽嘗試對孩子解釋面試這件事。

媽媽：「你今天要努力呢！這間學校很適合你！」

樂文：「是嗎？」

媽媽：「是呀！我們去到應該會有遊戲玩的。」

樂文：「為甚麼要面試呀？」

媽媽：「讓老師看看你適不適合讀這間學校。」

樂文點點頭。媽媽不知道自己這樣回答對不對，但由於自己也緊張，所以在去程一直很少說話，在等候室也是。

當仔細了解時，媽媽也發現似乎自己太緊張了，所以由回應孩子問題（「為甚麼要面試呀？」）到自己的情緒表現也讓孩子感到與平常很不同，媽媽的情緒與孩子的情緒起了乒乓效應。在情緒表達方面孩子是會因觀察學習（observational learning）而受到身邊的人影響的，如父母對一件事顯得格外緊張，即使孩子不知道身自己為甚麼要緊張，也會因觀察到父母的情緒而緊張起來。面試不只對孩子來說是新的體驗，對父母來說也是，但有時我們不為意自己的情緒轉變，沒有先照顧自己的感受，卻是從孩子的行為中看到自己緊張的影子。樂文媽媽再回想一次，可能早一點與孩子以平常心談面試比起不談更好，再說一次的話她應該會以「讓我們與老師也認識一下對方」去回答孩子對面試的疑問。

正向回應孩子的提問

問題	一般回應	正向回應
面試是甚麼？	老師會和你玩遊戲，又會請你回答一些問題	你會和老師一起玩一些遊戲，他也可能會想了解你多一些

問題	一般回應	正向回應
為甚麼要面試呀？	讓老師看看你適不適合讀這間學校	讓我們與老師也認識一下對方
鼓勵孩子	你今天要努力呢！這間學校很適合你！	平日的你經已很好，就像平日上學和同學老師一起就可以呀！
我做得不好 / 不懂回答怎麼辦？	你怎會做得不好呢？媽媽對你有信心！	每個人也有做得好與不好的事，不懂回答是正常的，而且我們還有很多機會呀！

有時言談中我們會包含了父母的期望（如：這間學校很適合你！）與對孩子感受 / 想法的否定（你怎會做得不好呢？），而正向回應就是指我們不迴避孩子的提問，並在回應中以照顧孩子的感受為出發點，於回應中帶有正向成份，主要希望我們的回應不會增加孩子壓力，同時也能令孩子安心。

當我們細心留意，就會發現孩子的鬧情緒可以反映他們不少的背後心理，即使在年紀大一點的孩子身上，你也會發現他們會鬧情緒的，例如在第四步「不做惡爸惡媽：父母情緒篇」中的大孩子澄朗也因朋輩問題而看似不合作。從以上的例子看，當遇到孩子鬧情緒，我們不要第一時間就假設孩子不願意與我們合作，甚至懲罰孩子，這樣做會為我們與孩子之間築起了阻礙溝通的圍牆，<u>了解孩子的情緒與想法，容許孩子也有情緒表達的空間，才是與孩子一起建立正面溝通與改善行為的鑰匙。</u>

正向 checkpoint

孩子的情緒可以是父母情緒的鏡子。孩子會因觀察學習而受到身邊的人影響自己的情緒感受，所以當我們想處理孩子的感受時，也可以先留意一下自己的情緒感受。

孩子害怕了，我應該要他
面對還是容許他退縮？

不用急着讓孩子面對恐懼
——行為上的處理方法

在孩子的成長中，我們總會遇到孩子感到害怕與焦慮的時候，有人說要尊重孩子感受，又怕為孩子留下心理陰影；另一方面也有人認為孩子不應逃避自己害怕的事，到底哪一個說法才「對」呢？

上一節提到的樂文，原來害怕小狗，每次在街上看到小狗也會走到另一邊，又或是躲到媽媽身後等小狗先行。父母想與孩子到小狗咖啡店看看，讓孩子看到小狗可愛的一面，但孩子一到咖啡店門口就哭了起來，根本不能進入咖啡店。

當我們想與孩子面對他們害怕的事物，一般也不可以太急進，如樂文的例子中，一下子去很多狗隻的咖啡店，即使小狗很可愛，孩子一下子也不會接受得到；又或是有些年幼的孩子害怕卡通或是故事書裏主角遇到危險的情節，我們也不可以迫孩子面對這一些我們認為沒有問題的事物。

如果好像樂文一樣，孩子怕的是小動物，<u>父母可以協助孩子一步步面對恐懼，由看圖片開始，到看看短片</u>，讓孩子心理上理解到「原來再看下去會發現牠沒有那麼可怕」，而不是單單由父母或是成人告訴孩子「不用害怕」；也讓孩子有他安心的空間了解原本他很害怕、很快就逃避了的事物。當孩子心理上對自己害怕的事物理解多了，就會更容易一步步接觸自己原來的恐懼。

要回應孩子的勇敢，讓他知道他也做得到 —— 回應與想法上的處理方法。

對於緊張與焦慮的人來說，一般人眼中的一小步可以是他們的一大步。因此，當孩子願意接觸自己害怕的事物（如遠距離看狗隻、卡通情節、在社交場合感到不自在但沒有離開等等），父母也要把握機會給孩子正面肯定；另一方面，正面肯定不宜太誇張或把注意力都集中在孩子身上，令孩子再次緊張起來，影響下一次嘗試。

到底甚麼是令孩子不自在的正面肯定呢？我們可以從以下例子看看：

心宜今天去到一個新環境，見到媽媽的朋友。以往心宜要先熟習一下環境才與其他人交流，今天她主動向其他人揮手打招呼。

媽媽：「心宜，今天這麼厲害，你剛才打招呼呢！爸爸，你們有沒有看到？」

心宜看到大家也看着她，立即躲到爸爸身後去。

在這個例子中，孩子嘗試做平日令她感到緊張的行為（打招呼），媽媽很高興並希望肯定孩子，但因為媽媽這樣說，爸爸和在場的其他人都一起看着心宜，容易緊張的她感到被多人關注，又開始緊張起來。這個就是典型因正面肯定來得不自然，令孩子下一次更難嘗試的情況。

其實在這個情況，如果我們想給予正面肯定，可以輕摸摸孩子的頭並說：「心宜，做得好！（輕聲）」已經足夠，同時也不會增添孩子壓力，才是可以幫助孩子下一次繼續嘗試的方法！當孩子鼓起勇氣嘗試接觸他們害怕的事物，我們也要欣賞孩子的努力，即使未做得到，也要謹記不怪責的原則呢！

回應孩子的勇敢有辦法

反面回應	問題	恰當正面肯定與回應
你看，是不是沒有問題，有甚麼好怕呢！	否定了孩子嘗試的努力	媽媽知道你有點害怕，但也願意看下去／嘗試，真的很勇敢呢！ 作用→肯定勇敢
今天這麼厲害，你剛才打招呼呢！爸爸，你們有沒有看到？	令孩子成為了眾人的焦點（spotlight），更添壓力	輕摸摸孩子的頭並說：「做得好！（輕聲）」 作用→肯定孩子的嘗試
我都說了，牠（小狗）又不會咬人的，你怕的根本不會發生呀！	否定了孩子害怕的感受	看來小狗真的不會咬人呢，你覺得是嗎？ 作用→改變孩子的想法
（看卡通片中的緊張情節）你現在不是笑得很開心？都不知道先前在怕甚麼。	否定了孩子害怕的感受	有時原來再看下去，事情就沒有我們想像中那麼可怕呢！ 作用→擴闊孩子的想法

4 懲罰孩子令孩子更合作還是不合作？

在本章一開頭的例子中，起初心宜不願進學校的情況發生時，被媽媽誤以為她欺負嫲嫲而懲罰了她，聰明的心宜還因此生了媽媽的氣。不少父母都會疑惑，正向管教是不是完全不可以懲罰孩子呢？如果不懲罰，我們有其他方法處理孩子的不理想行為嗎？

孩子鬧情緒時，可以用
「懲罰」的方式處理嗎？
懲罰包括了甚麼？

懲罰的定義很廣，也有程度
之分，其中包括「言語懲罰」。

懲罰不只包括罰企、罰孩子不可以吃糖、取走原有的看電視時間等等，在行為心理學中，<u>懲罰是在一個行為發生後出現的相應反應，目的是減低目標行為，</u>

例如孩子不去收拾玩具，媽媽就把玩具收起不讓孩子玩，「把玩具收起」就是「不收拾玩具」這行為的懲罰了。因此，懲罰的定義很廣，也有程度之分，被輕輕告誡一句可以是懲罰，大聲責罵孩子也可以是懲罰，但就比告誡份量重很多。新一代的父母多數比較少用重量度懲罰，較常發生的是原來自己不小心罰了孩子而不知道，又或是常用輕量懲罰卻不見得有效改善孩子的行為。

值得注意的是言語懲罰，可能你會問，說話也是懲罰嗎？是的，說話也可以是懲罰，而且同樣會影響孩子的行為與心理發展，但卻是我們很容易忽略的懲罰形式。

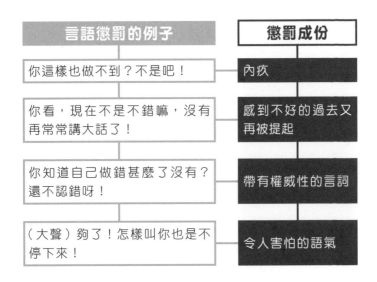

言語懲罰的例子	懲罰成份
你這樣也做不到？不是吧！	內疚
你看，現在不是不錯嘛，沒有再常常講大話了！	感到不好的過去又再被提起
你知道自己做錯甚麼了沒有？還不認錯呀！	帶有權威性的言詞
（大聲）夠了！怎樣叫你也是不停下來！	令人害怕的語氣

言語懲罰有些時候不只沒有效果，對於比較固執的孩子，又或是因被責備而感到不服氣的孩子，有時還會有即時性的反效果。例如有些孩子在被懲罰後，父母希望孩子說出自己錯了甚麼，年紀較少的孩子可能真的不知道，卻會在被問到這問題時大哭起來；有些孩子是知道的，但剛剛才被懲罰完又要再認錯，口硬的孩子就在這下子再與父母撐一次。曾經有不少父母問我，因為孩子在被懲罰後一直在口頭上不認錯，而自己又因為一開始就要求了孩子再說出自己做錯甚麼，弄得不知如何可以找「下台階」。常懲罰孩子會影響孩子自信心，也會產生常否定孩子的種種負面效果。不少研究發現，即使是言語的懲罰也可令孩子變得反叛、更容易有人際關係問題、更易有負面的自我形象（Liu, 2018; Toth & Cicchetti, 1996; Vissing et al., 1991）（註❶）。

懲罰可能會令孩子知道自己做錯了甚麼，卻不一定令孩子知道應該怎樣做。在心宜的例子中，她只知道自己因上學問題被罰了，但像年幼的孩子，很少會因為被

註❶：Liu, R. X.（2018）. Physical discipline and verbal punishment：an assessment of domain and gender-specific effects on delinquency among Chinese adolescents. *Youth & Society, 50*（7），871-890.

Toth S, Cicchetti D. Patterns of relatedness, depressive symptomatology, and perceived competence in maltreated children. *Journal of Consulting and Clinical Psychology. 1996;64*（1）:32—41.

Vissing Y, Straus M, Gelles R, Harrop J. Verbal aggression by parents and psychosocial problems of children. *Child Abuse and Neglect. 1991;15*:223—238.

罰了而知道甚麼是正確行為，甚至連自己為甚麼被罰也很快忘記，這也是不少父母當使用輕量懲罰時收不到效果的原因之一。

正向 checkpoint

懲罰可能會令孩子知道自己做錯了甚麼，卻不一定令孩子知道他應該怎樣做。口頭上的說話都是懲罰，而言語懲罰對孩子的影響同樣深遠。

　　在正向管教中，我們主張以多元化形式改善孩子行為，我們可以為孩子定下較清晰的規矩、給予孩子改過的機會，並與孩子建立良好關係令孩子願意與我們合作。懲罰的對照是讚賞與鼓勵，讚賞與鼓勵同樣是協助孩子逐漸做到好行為又持久的方法。在與孩子成長的過程中，可能你總有機會需要懲罰他們，但請視之為最後方法，即使孩子面對的困難很大，方法都會比困難多，讓孩子有正面動力與父母一起走過挑戰才是正向管教的目標。

正向管教是甚麼？	本書相關的內容
正面說話指出負面錯處 ➡	第二步（p.54）
給孩子選擇的空間 ➡	第二步（p.63）
自然後果 ➡	第二步（p.69）
讚賞與鼓勵 ➡	第四步（p.142）
獎勵 ➡	第二步（p.73）
正面期望 ➡	第二步（p.81）
照顧孩子情緒 ➡	第三步（p.110）
與孩子處理恐懼 ➡	第一步（p.39）
接納失敗而不損自信 ➡	第三步（p.123）
照顧父母情緒 ➡	第四步（p.155）

後記

父母給予安全感，不再焦慮的心宜

心宜的年紀較少，與不少年幼的孩子一樣，她很聰明，言語發展很快，可是不代表沒有年幼孩子會遇到的困難。在她這個年紀有上學的分離焦慮也是有機會發生的，但當然引來擔心的是她沒有如同學一樣情況慢慢減輕，而是好像嚴重了。除了分離焦慮外，她是一直以來常被緊密關注的孩子，當她三歲之後大家期望她可獨立一點時，一時間孩子沒有適應過來，在生活上也有不同的不合作情況。

因此，當時遇到心宜，父母希望幫助孩子處理上學問題之外，也希望及早改善與孩子的相處方式。我們希望孩子有所轉變，其實就好像我們期望與孩子改變相處方式一樣，大家也需要時間了解更多孩子的行為和心理。心宜的父母在會診後發現自己沒有想像中那麼了解孩子，似乎對她的行為與表達也有所誤解，因此之前沒有以合適的管教方式應對，反而用了懲罰與怪責。而當面對孩子的緊張與情緒，不少父母也會緊張起來，心宜

的父母如是，樂文的媽媽也如是。心宜媽媽在有一次實行我們訂好的上學計劃前給我來電，主要是在說她好緊張，擔心如果不成功把孩子送進學校怎麼辦，那一刻的媽媽比起孩子更加緊張，而緊張的時候要解決問題，似乎就更難了，成人也如是，更莫說是我們的孩子呢？

　　在正向管教中，我們常着重對孩子的包容，其實同時也包括父母對自己包容，管教出錯不是甚麼奇事，也不至於會回不了去的，因為我們即使為孩子的行為與心理訂下了改善方法，當中也會包含方法與實行上的改良。心宜媽媽那一次電話後，回去嘗試實行訂下來的計劃，當天上學很順利，孩子回到家情緒也很好。在我而言，當然在孩子的緊張當下應變是重要的，但日常的關係與安全感建立，也是改善孩子行為的關鍵，兩者就好像鋼琴上的左右手一樣，相輔相成才可以奏出幸福的音樂。

第二步

問題行為

正向拆解篇

脾氣差和說謊的子軒

　　子軒是個活潑的孩子，常常有很多古靈精怪的主意，子軒媽媽卻是由細到大都很乖巧的女孩，因此子軒自小就常常被媽媽改正他的行為，生活小事如玩具的玩法、孩子的坐姿、孩子說話的方式等等。子軒平安地度過了幼稚園階段，有好幾個好朋友，學習與行為也沒有甚麼問題。

　　孩子上小學後，媽媽希望他的功課做得好一點，每天都會與他對功課，希望他的字體寫得更好，功課的內容也沒有錯才交給老師。可是子軒上了小學後，媽媽發現他的脾氣大了，日常好像耐性差了，做功課時很易有小脾氣，媽媽要他改正寫得不好看的字他也不願跟從。他不是每一天都這樣，但是一星期總有一兩天會發生這問題。

　　到後來上了二年級，媽媽一把他的功課拿來看他就開始不悅，會一言不發走進房間。而且，子軒不只在家中脾氣差了，在學校也會有這個情況。有一天，子軒收到不太理想的默書成績，下午就在學校與朋友玩耍時推

撞起來。而子軒開始有抄漏手冊的情況，媽媽很好奇，為甚麼一年級沒有的問題反而二年級出現了呢？有一次，媽媽收到老師的電話，問她有沒有把孩子的測驗卷簽好讓孩子帶回學校，因為子軒一直說自己沒有帶回學校。當下媽媽感到有點錯愕，子軒都沒有告訴她測驗卷派回來了，而且自己問過孩子，孩子還說老師沒派。

媽媽很擔心，那天向公司請了下午的假去接孩子放學問個究竟。子軒放學後被老師請去教員室等媽媽，在路途上已經哭了起來。媽媽見到在哭的子軒，第一句就問他為甚麼要說謊？孩子哭了很長時間，說自己考得不好，不敢給媽媽看。他考了82分，比上一次測驗低了3分。老師安慰子軒，其實82分都不是考得不好呀！媽媽就想起自己常常強調最近子軒溫習態度不好，如果測驗退步了就會罰他，把他喜歡的漫畫書扔掉。媽媽後來回到家獨自哭了起來，感到無助之餘，她發現自己接受不了孩子說謊，但似乎再懲罰孩子也不是合適的做法。

孩子對懲罰反感，不喜歡被指出錯處並發脾氣，我們可以怎樣教才對呢？

1 正面說話改善孩子的負面行為

當父母留意到孩子做出不理想行為時，一般第一個反應是怎樣呢？當然是指出孩子的錯處。我們在第一步「孩子心理與行為理解篇」談到常指出孩子錯處會令孩子感到被否定，但生活上總不能完全不指出孩子的錯誤，在正向管教中有甚麼方法與技巧可以指出孩子錯誤同時維持親子間的和諧呢？又有甚麼方法以正向管教改善負面行為呢？與孩子改善行為和討論錯處的方式原來比想像中多很多。

正向 checkpoint

很多人以為正向育兒就等於完全接受孩子的行為，包括不理想行為，這也是不少父母感到很難做到的原因，當然我們也鼓勵接納孩子的獨特性與強弱項，但正向育兒不是不講求紀律與改善行為的，只是用更易令孩子接受的方式與孩子一起向好行為邁進。

當孩子做了一些負面行為時，有甚麼更好的方法可以提醒孩子？

父母可以用正面說話實踐正向管教，指出孩子的負面行為或錯處。

1.1 不說孩子沒有做好甚麼，看你想孩子做到甚麼

　　不理想行為、問題行為的相反面就是正面行為，但是當我們對孩子的行為有意見時，一般就是會說出孩子做不好甚麼。說出孩子做不好甚麼是否定的表達方式，在生活中家長時常廣泛使用（如「不要玩擦膠」、「唔好企上去」、「唔准開電視」），但這種方式有不同的壞處，除了容易令孩子感到常常被否定而反感外，另一方面也有機會引來引導式提示效果，特別是年幼的孩子，我們說「唔好企上去」，孩子就聽到「企上去」這三個字，父母一說起來，反而令孩子對不理想行為的印象更深刻（我們在第四步「不做惡爸惡媽：父母情緒篇」的讚賞部分會再討論引導式

提示效果）。有時也會因為只說了「唔好」」、「不要」做甚麼，孩子也未必知道事實上應該怎樣做才對。我們看看子軒的例子理解真實現況：

NG 例子

子軒在椅子上彎着腰看書。

媽媽：「不要坐成這樣子吧！會影響腰骨的。」

子軒看看媽媽。

媽媽：「你明白我在說甚麼嗎？」
子軒：「應該明白吧……」但他當下沒有改正坐姿。
媽媽：「明你又為甚麼不坐好一些呢？」

子軒時常很容易彎起來坐，媽媽因為很擔心他的腰部會因此發育不良，想在生活上提示孩子，可是孩子很多時都未必會跟隨，有時還會發忟憎。在這兒，媽媽一開始的說法就是應用了直接指出不理想行為（「不要坐成這樣子吧！會影響腰骨的。」），但孩子好像沒有給予改正的反應，當下媽媽就開始有點勞氣了（「明你又為甚麼不坐好一些呢？」）。其實在這個情況下，「坐好一些」可以代表甚麼呢？是簡單地腰不要那麼彎，還

是想要孩子坐得如學校上堂般挺直呢？如果以「<u>不說孩</u><u>子沒有做好甚麼，看你想孩子做到甚麼</u>」的原理，我們可以用正面說話指出問題來嗎？

正面語句
例子

子軒在椅子上彎着腰看書。

媽媽：「你的腰伸直一點點吧！」說的時候配合動作輕輕挺一挺孩子的背。

子軒看看媽媽。

媽媽：「現在有舒服一點嗎？」
子軒：「好像也有。」
媽媽：「由煮熟了的蝦變回了未煮的蝦了！」

媽媽與子軒都笑了起來。

「坐好一些」代表甚麼？這個問題我在診症時問過媽媽，因為我也不知道媽媽期望的好行為到底是怎樣，當我問子軒與媽媽「是簡單地腰不要那麼彎，還是想要孩子坐得如學校上堂般挺直呢？」這問題時，子軒看着媽媽，媽媽也笑起來，想到又好像真的沒有把好行為表達清楚。其實她只是想孩子的背不要太彎就可以了，沒有想過要他在家也正襟危坐。

因此，當應用「看你想孩子做到甚麼」的原理去表達時，除了少了負面的批評感，其實也可幫助父母更清楚表達自己的想法是甚麼，沒有留太多令孩子不了解的空間。媽媽說出「你的腰伸直一點點吧！」其實就是她當下對正面行為的想法，並給孩子協助調節一下坐姿，批評就因而轉換成關心與協助。

對於有些不太喜歡被改正或協助的孩子，我們有時也可活用輕鬆的說話，令父母在提出意見時的氣氛變得柔和一點，就好像媽媽說出「由煮熟了的蝦變回了未煮的蝦了！」，把原來想指出孩子不理想行為的對話以輕鬆的情況結束。

說孩子 沒有做好甚麼	說看你想孩子 做到甚麼
「不要玩擦膠」	把擦膠先放到這邊，你是不是有甚麼不懂呢？
（孩子想站在椅子上拿放在上面的畫紙） 「唔好企上去」	（未站上椅子）你是不是想拿畫紙？ （已站上椅子）你先下來，想要甚麼？

「唔准開電視」	開電視要先問過我們呢 （從小訂下開電子產品要 先問父母的習慣）
「你可以不坐成這樣 嗎？」	（彎腰）腰部微挺會舒服 一點 （坐不定）兩邊屁股也要 貼在椅子上
「不要亂按電腦其他 鍵」	「你用手指按這個長鍵 （space bar）便可」

1.2 指出不理想行為中的正面行為，引導孩子改善

在有一些情況，我們不能用「看你想孩子做到甚麼」的方法的，因為即使說出父母期望的好行為，依然有怪責孩子的成份。例如孩子寫字時，如果我們一直說着「好行為」，就會有這個問題，這也是不少父母在想明明自己也正面地說出好行為，為甚麼孩子不但沒有跟隨，而且還會鬧情緒的原因。我們看看子軒的一個生活例子：

NG 例子

子軒在寫詞語功課，媽媽在他做到一半時過去看看他，媽媽認為他的字寫得不太好看。

媽媽：「字要再端正一些，都寫在格入面才是好看呀！」

子軒看看媽媽，繼續寫詞語。

媽媽：「都說要寫在格入面！」
子軒：「我不是都寫在格入面嗎？」
媽媽：「你看這幾個都出界了！」
子軒：「唉……你現在才告訴我……」
媽媽：「把它們擦了再寫過吧！」
子軒：「我不想……」

在這個情況，即使媽媽使用「看你想孩子做到甚麼」的方法，說出她眼中的理想字體是如何（「字要再端正一些，都寫在格入對面才是好看呀！」），孩子當然也感受到媽媽其實是認為他寫得不好，而更甚的是，當時孩子其實都寫了不少，擦字對不少孩子來說也是不愉快的經歷，不少孩子愈擦愈不喜歡寫字，對做功課產生抗拒感。

子軒在寫詞語功課，媽媽在他開始不久過去看看他的字寫成怎樣。

媽媽：「這一些字寫在格裏，沒有出界也很端正呢！」（指着寫得好的字）

子軒微笑看看媽媽，繼續寫詞語。

媽媽：「這個也很好呢！呀，這個有一點走出去了。」

子軒：「是呢……幸好只有一個。」

媽媽：「你想改一改嗎？還是看看老師會不會改它？」

當孩子的行為不是單一而是具重複性的，如寫字、練琴、吃飯等，我們也可以使用「指出不理想行為中的正面行為，引導孩子改善」。例如子軒寫的字其實一直也不是很好，媽媽一直認為這是子軒的不理想行為，但當行為具重複性，孩子不是只寫一個字，而是會在做功課時寫很多字，總會有一些是合格的，我們就可以透過指出孩子當中的正面行為（在例子中是寫得好的字），引導孩子改善。當面對具重複性的行為時，父母很容易會習慣性指出孩子錯處或做得不夠好的地方，而做得好的卻沒有被留意到，這也是不少孩子會不喜歡生活上重

複性任務的原因之一，「做得好是應份，做得不好卻會被怪責」是很容易令孩子感到氣餒的。

指出當中的正面行為（如例子中的「這一些字寫在格裏，沒有出界也很端正呢！」），在意思上其實與我們直接告訴孩子甚麼做得不好分別是不大的（「都說要寫在格入面！」、「你看這幾個都出界了！」），但在孩子的角度前者是讚賞，後者是批評，分別就會很大了。字寫得好不好，是很多父母煩惱的管教議題之一，不少孩子在幼稚園低班已經開始寫字，我們在後面還會討論與寫字有關的正向行為處理法。

直接指出負面行為	指出不理想行為中的正面行為作引導
你可以坐得好一點不動來動去嗎？	現在坐得很好呢，pat pat 也留在椅子上（坐得好的時間不一定很長也可以）
不要再把飯掉在身上了	剛剛做得很好呢，把那一口飯全都放進口裏，一粒也沒有走甩
（彈琴）你第一次明明彈到為甚麼現在彈不到準確的拍子了？	剛才那一次彈得很好呢，拍子數得準也不容易，對不對？（包含了體諒孩子的元素）

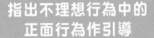

1.3 在可以的情況下，故意給孩子選擇的空間

給孩子選擇的空間是非常有用的正向管教技巧，即使我們知道孩子有些事情做得不夠好，當我們向孩子表達的時候，如果包含了選擇的空間，孩子願意配合的機會其實也很大的。當然，父母不能事事也給孩子選擇，總有不少時間我們未必可以讓孩子自行決定，因此當情況許可下，有時父母也可以故意給孩子選擇的空間，讓孩子感受到父母的體諒，把「需要孩子配合的配額（quota）」用在不可選擇的情況。

在子軒寫字的例子中，媽媽除了應用了「指出不理想行為中的正面行為」的技巧外，最後還是給了孩子選擇要不要把寫得不好的字改正（「你想改一改嗎？還是看看老師會不會改它？」）。對比起趕着出門要孩子停止遊戲，又或是測驗來了要開始溫書來說，詞語功課可以算是沒有很必要完全不給孩子選擇的生活事項，因此有些時候我們可以容許孩子選擇要不要把不理想行為改好一點。這樣做一方面父母向孩子說明了比較理想的行為是甚麼，同時也讓孩子學習判斷和承擔自然後果（我們會在後續再談自然後果的應用）。

甚麼事情我們可以給孩子選擇的空間？	生活上的應用與表達
幼兒	
穿甚麼衣服出街	雖然好像穿這條合適一點，但你是不是想要那一件？
你看孩子剛好有點情緒，環境安全但還是蹲在地上	你想現在起來還是再等一等？（其實孩子不一定要立即起來，因此我們可以給孩子選擇空間去平靜心情）
與吃有關的選擇	（在餐廳）今晚你想食意粉還是 pizza？
年紀較大的兒童	
功課的字體、對錯	你想改一改嗎？還是看看老師會不會改它？
放假或較輕鬆時的日子裏時間表上的先後安排	今天我們有的時間比較多，你想先看一節卡通還是先練琴？（注意我們說了一節，雖然可以選擇但也不會是過多的）
購買衣服的款式、生活用品、圖書種類等等	你想買這個小百科還是偵探小說？（我們給孩子選擇也有一定的範圍，當然要是孩子會感興趣的東西）

不要擔心讓孩子選擇會否寵壞孩子，讓孩子選擇能令孩子感到<u>生活的自控權</u>（sense of control）大了，孩子反而不用與父母在控制權上爭持（power struggle），少了一個反叛與不合作的原因。有些時候父母給孩子選擇改正行為與否，也能讓孩子從另一個角度去了解行為還有改善的空間。

1.4 把可以協助孩子改善行為的物品與方法作正向演繹

為甚麼要提到正向演繹是可以幫助孩子改善行為的方法呢？因為在臨床上常常聽到父母說起孩子對一些原本是中性的行為改善方法或物品反感，應用在生活上非常困難，但當在了解之下就會發現，原來大家把那一些方法當作懲罰使用了，令到好方法用不到，只好繼續直斥孩子不是卻又沒有幫助到孩子改善行為。我們先看看一個吃飯使用計時器的例子。

NG 例子

5 歲的樂明吃飯很慢，父母聽說使用計時器可以幫助孩子吃飯快一些，就決定讓孩子試試。

媽媽：「你吃得太慢了，我們今天開始吃飯要用計時器呢！」

樂明：「計時器是甚麼？」

媽媽：「即是它會計着你吃了多久，在它響起前要吃完，吃不完就會罰企！」

樂明：「我不要用計時器呀！」

媽媽：「誰叫你吃得慢，你吃得快就不需要用呀！」

樂明：「我不要用，我會吃快一些。」

結果孩子當天真的吃快了，但第二天就回復原形，和先前一樣。媽媽嘗試再用計時器，孩子不願用，還試過因此而哭鬧起來。

在這個例子中，計時器原來是中性的物品，但因為它的功用是作為懲罰的指標（「在它響起前要吃完，吃不完就會罰企！」），孩子一開始就反感了。而它不只有懲罰的指標性，還有代表孩子做不到好行為的意思（「誰叫你吃得慢，你吃得快就不需要用呀！」），在這兩個負面的前設下，還有誰要用這個計時器呢？不少協助孩子行為的方法與工具，如計時器、冷靜角等，有時在一開始就被負面地演繹，令其永遠派不上用場。因此一開始以正面解釋這些協助孩子改善行為的工具與方

法是很重要的,而即使孩子在協助下做到理想行為,我們也要對孩子的能力表示認同,才可鼓勵孩子努力與進步。在生活上應用起來,可以如何正面解釋這些原本用作規範孩子行為的方法呢?

正面語句
例子

媽媽:「我們今天有個小幫手與我們吃飯——就是計時器呢!」

樂明:「計時器是甚麼?」

媽媽:「可以訂下時間,到夠鐘它就會響起來呀!」

樂明:「為甚麼要用計時器呢?」

媽媽:「我們還是小朋友時會不太清楚時間,時間過了也不知道,小幫手就可以提提我們,讓我們知道自己吃了多久。」

樂明:「可能我也需要小幫手……」

媽媽:「好呀!今天一起試試看!」

孩子當天吃快了,父母也有在過程中提提孩子看計時器,吃完飯後……

媽媽:「樂明原來好厲害,只是一些小提示,也可以在時限裏吃完飯呢!」

樂明高興地笑起來:「原來我也做得到的!」

在介紹可以協助孩子改善行為的物品時，我們可以使用小幫手、好方法這些正面用語令孩子知道我們不是要懲罰他，而是在與他一起解決困難。孩子一般也會對這些方法提出疑問，我們在解釋時平常化（normalize）孩子的疑慮也是重要的，在例子中媽媽說了「我們還是小朋友時會不太清楚時間，時間過了也不知道」，其實沒有在特別說是孩子吃得太慢，而是把吃得慢的原因合理地說出來，以解釋此方法可以如何協助孩子改善行為，相對於直接指責孩子的不理想行為，孩子對使用方法的抗拒感自然會減低。

最後，孩子在成功做得比日常好（即使只是好一點也是良好的開始），我們也希望透過與孩子分享那份成功感（「樂明原來好厲害，只是一些小提示，也可以在時限裏吃完飯呢!」）而令孩子有動力再次使用這個好方法。如果我們說成「看！有了計時器你就吃得完」，這樣那份功勞就是在工具與方法本身，而不在孩子的努力，就會失去那份鼓勵的效果了。

- 以正面解釋協助孩子改善行為的工具與方法
- 孩子在協助下做到理想行為，我們也要對孩子的能力表示認同，讓孩子可以分享那份成功感

1.5 善用自然後果少用懲罰

孩子日常生活中的不理想行為可能也不少，在有些情況下即使用了正面的方法告訴孩子或引導孩子，也未必一定可以協助孩子改善行為，在正向管教中<u>自然後果</u>也是一個方式令孩子從後果中學習，改善行為。自然後果不是懲罰，我們只是用應該發生的結果令孩子明白行為對他們自己的影響，但不少父母在使用自然後果時誤以為要與懲罰和怪責一同使用，就偏離了自然後果的原意了。我們用一個簡單的例子說明一下自然後果的使用。

4歲的孩子吃飯時有時候會因為說話太興奮，而不只一次不小心打翻自己的碗。

媽媽：「哎呀，飯倒在地上了。」

孩子：「點算呀……」

媽媽：「你也幫忙一起把地上的飯清理吧！」

清理完畢，孩子坐回到自己的位子上。

媽媽：「雖然不小心打翻了飯，你也很願意幫忙，我們收拾得很乾淨對不對？」

孩子：「是呀……那我的飯呢？」

媽媽：「因為都倒了，所以沒有飯吃呢！」

孩子哭了起來，媽媽抱抱孩子，安慰他當下的情緒。

　　在這個例子中，自然後果包括了 1. 清理地上的飯和2. 不會再有額外的飯吃。因為孩子都不再是剛開始自行吃飯的幼兒，同時也是久不久就有這行為情況（不小心打翻自己的碗），因此我們可以使用自然後果這方法嘗試令孩子明白行為的影響。值得注意是當父母使用自然後果時，我們也會顧及孩子的能力，4歲的孩子未必

可以完全自行清理地上的飯，因此媽媽在這兒的角色也會協助解難，與孩子一同清理。我們說出後果時語氣也是平和的，我們不會說出「現在罰你去清理」這些帶懲罰意味的話，阻礙自然後果的使用。

當孩子知道自己要承擔後果時（沒有飯吃），不少孩子也會有情緒反應的，此時，父母的角色就是提供情感上的支持，我們可以安撫孩子的情緒，但自然後果也是不會改變的。在可以跌碰的空間讓孩子學習這原則，愈早開始使用比愈遲好，在孩子幼兒期時已經可開始使用。到孩子長大後，有一些問題如功課、收拾書包等，都是有自然後果的行為，孩子在家不希望改正，回到學校老師還是會改孩子的功課。習慣讓孩子承擔後果除了幫助孩子從後果中學習，也可正面培養責任感，不會到長大了後還要依靠父母替自己的行為或疏忽負責。

在家中使用自然後果，有時也要配合一早訂好的規則使用，讓自然後果自然地發生，例如訂好家中的吃飯時間，夠鐘就一定會收枱，還可以讓孩子協助過程；Wifi 到晚上11時就會自動關掉；與孩子練習記着把帶出街的玩具帶回家後，向孩子說明不會再給予提醒，讓他好好保管自己的物品等等。自然後果不是放着孩子不管，而是父母在過程中，可以為孩子提供「做得到」的方法與協助，但最後的結果會由孩子自己負責。

正向 checkpoint

- 自然後果不是懲罰，當父母使用自然後果時，也要顧及孩子的能力。
- 父母的角色可以是協助解難與提供情感上的支持，讓孩子有能力做到好行為。

在寫字與做功課上讓孩子與父母配合的小提議

如果孩子的字寫得不錯，就不要再在抄寫功課上緊盯孩子

如果孩子的字易寫錯、易寫得不小心，就在開始不久去看看孩子的進度，避免孩子都全錯了才由頭改

對於不好看但不是錯的字，不論孩子願不願意改，也不要改得太多

可以的話給孩子選擇，如果他在家中沒有改正，老師也會更正他，這也是自然後果的一種

幼兒盡可能少擦字，免得他們太早對寫字反感

萬事起頭難，如果孩子不太願意開始做功課，宜以孩子感容易的功課作開始，但寫字的功課也不宜放最後

對於真的很不喜歡抄寫的孩子，可以把抄詞語功課分成三份，夾在其他功課中

在做功課一事上，父母和孩子都在同一陣線的，就是都希望快點做完功課

1.6 正向改善行為問題的 give and take

當我們構想如何解決孩子的行為問題時，很容易被「應該如何解決問題、減少問題」的思考模式引領，而忽略了孩子問題行為背後的需要，以及孩子需要動力改善行為這基礎。例如孩子要看着平版電腦的卡通片才肯吃飯，如果我們只用解決問題的角度去思考這情況，可能就會把平版電腦取走，孩子哭着不吃，就產生了下一個問題。但當我們從孩子的需要出發以分析問題，我們得出的結論可以是完全不一樣，孩子可以是怕悶，可以是習慣了有人會給他看平版電腦，我們要處理這些需要與情況，孩子的行為才會正面地改善。

每一個行為問題背後也在反映孩子的某些需要，而不是反映孩子單純的不合作，這就是我們要使用獎勵與輔助的原因。當父母希望與孩子一起處理行為問題時，

我們不只取走（take away）孩子的行為或他感興趣的事物，也要有給予（give）的過程，按孩子的需要處理行為，會更易事半功倍。

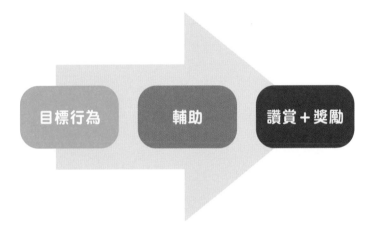

目標行為　輔助　讚賞＋獎勵

　　在子軒的情況中，媽媽之所以說要罰子軒要把他喜歡的漫畫書扔掉，是因為留意到孩子的讀書態度差了。當我們與媽媽和孩子分析情況時，媽媽初時表示她的目標就是希望孩子讀書態度有進步，其實不一定要子軒在成績上有進步，只是起初覺得孩子好像不聽她的話，就把重點放在分數上，原意希望子軒上心一點，怎料孩子在感到壓力與沒有方法下，竟然收到反效果。

當我們一起把目標分拆得更明確時，「希望讀書態度有進步」實際上是「主動溫書」和「留在坐位時間長一點」，而子軒面對的困難與需要是他其實需要有人指導他讀書，但又怕媽媽一坐到他身邊就會從坐姿到學習也會說他做得不夠好。因此，媽媽非批判性（non-judgmental）的協助對於還是在二年級的子軒也是重要的。同時，媽媽與子軒一起訂下溫習時間與當中的小休時間，讓子軒更容易開始溫習。

當我們有了更明確的目標後，其實也不會一步就成功，例如孩子可能第一天會興致勃勃主動溫書，第二天可能又忘記了溫書時間，因此<u>當孩子做到理想行為，即時讚賞與當天的獎勵在開始時尤其重要</u>。而「留在坐位時間長一點」這目標也需要時間一步一步做得更好，開始的時候父母宜把目標放到孩子可以做得到的範圍內，孩子才會有機會做得到、被讚賞，以及有動力繼續下去。在過程中，我們不只取走表面上耽誤孩子溫習的娛樂，當中也提供方法、給予欣賞，才是令孩子行為改善的重要催化劑。

目標	明確目標	輔助
希望讀書態度有進步	1. 主動溫書 2. 留在坐位時間長一點	1. 訂下時間 2. 訂下小休時間 3. 媽媽非批判性的協助

　　同樣的原理在年幼孩子身上也適用的，記得我們在上面提到孩子要看着平版電腦的卡通片才肯吃飯的例子嗎？當父母希望孩子減少看着平版電腦食飯，我們也要先了解孩子的需要是甚麼。不少孩子之所以喜歡一邊吃飯一邊看卡通片，是因為吃飯每天也做，很沉悶，而且看卡通片會令孩子感到比較愉快，因此當我們取走平版電腦，孩子少了愉快感，也是變相感到被懲罰。在改變孩子行為的過程中，我們會以替代品作輔助，如父母的陪伴、小遊戲、飯後的小獎勵等，當孩子改正問題行為（看着平版電腦吃飯），我們就可以慢慢合理地減輔助品。

　　在面對孩子行為問題上，父母不是只想看到不理想行為消失，也希望好行為增加。孩子一天只有24小時，多做了好行為的同時不理想行為也會相應減少。希望好行為增加，我們不只着重取走令孩子出現行為問題的物品與因素，也要按孩子的需要給予輔助與正面鼓勵，才可令好行為持續下去。

- 每一個行為問題背後也在反映孩子的某些需要
- 我們不只取走（take away）孩子的行為或他感興趣的事物，也要有給予（give）的過程

1.7 內在動力與外在動力配合，以正向角度推動孩子

當我們談及以正向方式改善孩子行為，不可不提的就是孩子的動力。孩子的動力是改善行為的重要元素，在子軒的情況中，我們看得到他似乎缺乏動力改善學習情況，當然太多否定也是孩子缺乏動力的主因，不過如果我們不想常常指正孩子，促進孩子的動力正面改善行為就是一件好魔法。

在心理學的角度，內在動力與外在動力就是驅使我

們行動的重要元素，兩者互相配合則增加與維持孩子的學習動力。內在動力（intrinsic motivation）是指發自內心的動力，比如說孩子到了3歲左右就常常每事問為甚麼，其實就是發自內在的好奇心使他們想更了解生活上不同知識的表現。興趣與好奇心雖是內在動力，但對於一些重複性高的學習，如寫字、學音樂等，光靠興趣與好奇心未必可以把學習動力維持下去。因此，成功感與體現自我價值就會起了推動的作用。

幼兒在學行路與其他生活技能時，成功感便是很強的推動力，他們失敗還是會繼續嘗試。這也是學習不應只限於讀書的原因，孩子與生俱來有不同的長處與技能，有些孩子可能喜歡語文，有些孩子喜歡數學，也有孩子喜歡科學知識、運動、藝術等。如果學習只等如成績與分數，孩子看不見自己學校成績突出，成功感就會減弱；相對孩子於不同範疇的學習中見到自己有所成就，整體生活動力也會增加。

當人開始長大，單靠內在動力也不足夠的，最易理解的是一般人也不會在沒有人工的情況下工作，人工就是外在動力（extrinsic motivation）的一種。但小朋友不需要人工，常常以買玩具作獎勵也不是理想的做法。外在動力可以包含不同的元素，如讚賞、父母的陪伴、遊戲時間等等，要小朋友輕鬆面對自己興趣較低的學習項目，外在動力的配合就變得格外重要。上面我們提到

當孩子做到好行為與目標後，我們就要給讚賞與獎勵，就是運用外在動力，對孩子的好行為作出<u>正面的反饋</u>（feedback）。我們也可以看看下表參考外在動力的種類與生活上的應用。

外在動力的種類與應用

外在動力 （extrinsic motivation）	例子與應用
讚賞	● 當孩子完成功課／家務時，可對孩子說「看到你這樣努力，我很高興」 ● 年幼／耐性度較低的孩子需要比較頻密的讚賞 ● 由孩子年幼開始為家庭建立互相讚賞的習慣 ● 可以增加孩子的內在動力 ＊第四步「不做惡爸惡媽：父母情緒篇」會有更詳細的**讚賞解說**
被認同	● 被認同可以是非言語的，如父母的笑容、點頭 ● 可以用外在形式，如學校排名、比賽獎項等獲得認同 ● 即使年紀較長的兒童／青少年，也需要於生活與學習上被認同

外在動力 （extrinsic motivation）	例子與應用
實質獎勵	● 獎勵可以分為日常性與累積性 ● 日常性獎勵可以是細微的，如小糖果、生果、貼紙；適合用於小朋友的日常生活中 ● 累積性獎勵需要在目標達成後才出現，如一個星期練習3次樂器，週六就可以到公園玩，在年紀較大與耐性好的孩子身上見效 ● 獎勵目標最好是過程而不是成果（如：努力練習是過程，分數是結果）
非實質獎勵： 父母的陪伴	● 父母的陪伴對孩子來說是具鼓勵性與快樂的事 ● 陪伴可是獎勵；也可是單純陪伴，或與孩子做他們認為不容易的事 ● 陪伴的時間最好是非批判性的，過多的批評會令孩子抗拒父母的陪伴
非實質獎勵： 遊戲時間	● 遊戲時間也可用作獎勵，多了解你的孩子喜歡甚麼遊戲可幫助規劃獎勵 ● 遊戲可長可短；可以是戶外也可以在家中 ● 電子遊戲不宜常常用作獎勵

正向 checkpoint

內在的動力可以培養，外在動力需要父母與
孩子一起努力

1.8 成為孩子的動力一部分：
父母對孩子的正面期望

我們常常說要對孩子有正面期望，那正面期望到底
是甚麼呢？子軒的媽媽也認為自己對孩子有正面的期
望，常常鼓勵他去做到好行為，但她的不少期望也是孩
子的弱項，例如孩子功課易有錯漏，就期望他的功課有
一天不會再有錯，可是孩子一直都做不到，這是正面期
望還是壓力？

正面期望不只包括我們希望及陪伴孩子做到好行
為，也包含我們對孩子能力上的理解與接納，最重要的
是讓孩子知道即使他做得不夠好，父母對他的愛與支持
是不會改變。正面期望可成為孩子學習與面對挑戰的動
力，也可幫助父母與孩子維持良好的親子關係。

期望與正面期望的分別

期望	正面期望
期望孩子做到他做不到的事	與孩子理解以他現時的能力他可以做到的事
訂下最終目標	把目標拆細，一步一步訂立目標與期望
希望孩子可以做到	與孩子一起做，一起想辦法達成目標
失敗了再訂下相近的目標	失敗了先照顧孩子的情緒，再與孩子一起理解原因，也保持希望 ＊第四步「不做惡爸惡媽：父母情緒篇」有**與孩子談失敗的方法**
你做得到才是爸媽的好孩子	你的努力就代表了你是好孩子，做得到爸媽會和你一樣很高興

2 了解孩子說謊的原因

　　在眾多的行為問題中，說謊是其中一個最令父母關注的情況，年幼的孩子也會說謊，但年長的孩子說的謊言一般情況與後果更大，所以更令人擔心。在子軒的例子中，其實說老師沒派測驗卷不是他第一次說比較嚴重的謊言，後來我們發現孩子是故意抄少手冊項目，雖然他沒有欠交功課，但原來他是想逃避媽媽與他對功課的過程，因此隱瞞媽媽他有甚麼功課。

孩子為甚麼要冒險說謊呢？

孩子說謊一般是與三個情況或原因有關。

2.1 隱瞞做錯了 / 做不到的事

　　不少孩子說謊的原因都是希望自己做錯了的事不會被父母或老師知道，又可能是因為他們做不到，所以想要隱瞞自己做不到的事情而說謊。這個情況可大可小，

於生活上有一些孩子為了隱瞞自己弄壞了家中某些物品而把責任推到較年幼的弟妹身上，這些可能是家中常發生的事情；一般較嚴重的是涉及學校，例如在學校做錯事又不想父母知道，因此就要說謊去隱瞞事實真相。孩子在這些情況都是害怕被責怪與懲罰，如子軒知道媽媽見到他的功課有錯處或做得不夠好，就常要他改過，並在言語上怪責，孩子沒有更好的方法應付這個情況與被怪責的負面感受，於是想以謊言隱瞞問題，說成學校沒有給功課，甚至不讓媽媽知道學校派了測驗卷。

2.2 逃避問題

逃避問題的性質可以是問題還未發生，又或是逃避已經發生了的問題而使孩子說謊。這個情況可以在年紀很小的孩子身上經已會發生，例如有些孩子在兩至三歲已懂得因為不想吃某些食物而假裝肚痛，一般在父母發現後孩子就不敢再說謊。也有一些孩子會想逃避已經發生了的問題，例如曾經遇過初中生因上鋼琴課遲到而被老師怪責，下一次再知道自己會遲到時就不去上堂；也有年紀較大的孩子即使沒有人怪責他，卻希望逃避自己讀得不好的數學科而找藉口不去考試。因逃避問題而說謊很多時候與孩子處理問題的能力與接受自己的弱項有關，也有些與隱瞞相似，因害怕被責怪而說謊來逃避問題。

2.3 希望得到關注或 得到現實上沒有的生活狀況

當孩子沒有得到正面關注，有時候他們也會透過說謊來獲得成人的關注。這情況可在年幼的孩子身上發生，也會在大孩子身上發生。而年幼孩子的謊言除了希望得到關注外，也可以與他們希望得到現實上沒有的生活狀況有關，這些謊言可以與同學和生活情況有關，但當父母細問下去卻發現未必真有其事，例如明明家中沒有小動物孩子卻對其他人說自己家中有隻小狗，其實是孩子心裏很希望自己有隻小狗的心理反射。也有些孩子把自己說成不懂功課內容常常要父母陪伴做功課，卻被發現不是真的不會做而是想要父母的陪伴。

這一類的謊言主要成因是孩子沒有得到足夠的關注或他們希望擁有的生活狀況，但足夠與否是很個人化的，有些孩子的需求會比同齡的孩子大，也會受家庭狀況，如因父母都需要工作而孩子感到寂寞、父母離異、弟妹出世等因素影響。

如果懲罰不能解決孩子的謊言，如何讓孩子不再說謊？

父母需要先化解孩子對說真話的恐懼。

當父母知道孩子不只一次有說謊的行為，一般也會好像子軒媽媽一樣害怕，因為我們會意識到除了懲罰之外，又有甚麼方法令孩子不害怕被責怪呢？如果孩子想逃避被責怪，懲罰不是加深了他的害怕嗎？在正向管教的理念中，我們不會用懲罰去對待害怕被懲罰的孩子，在說謊這行為上也一樣。如果父母發現因為自己的懲罰用得太重，而孩子感到害怕，我們會先從「化解孩子對說真話的恐懼」入手，同時也可以「培養說真話是值得欣賞的態度」，幫助孩子不用再說謊。

孩子的謊言如果與害怕做錯事被怪責或懲罰有關，我們先要化解孩子對說真話的後果之不安，與孩子傾談他做錯事後的感受，同時讓孩子知道我們可以一起想想除了懲罰與怪責有沒有更好的處理方法，令孩子會對說真話感到安心。我們可以看看在子軒的情況，媽媽可以如何化解子軒對說真話的恐懼。

媽媽：「其實你是不是很害怕我知道你成績差了所以說謊呢？」

子軒點點頭：「對呀⋯⋯」

媽媽：「我說過甚麼令你害怕？」

子軒不作聲。

媽媽：「不用怕的，媽媽只是想了解你，也想知道我們可以怎樣一起進步。」

子軒開始哭起來：「因為你說過要扔掉我的漫畫⋯⋯」

媽媽抱抱孩子：「媽媽見你最近很少用心溫習才這樣說，不知道你會這樣害怕呢⋯⋯」

子軒：「我很喜歡我的漫畫書呀。」

媽媽：「媽媽明白這個懲罰對你來說真是太重了，我們應該一起想個好一點的方法學習，對不對？」

子軒點點頭。

當我們想與孩子傾談說真話的恐懼時，可以先由孩子的情緒入手（如例子中的「其實你是不是很害怕我知道你成績差了所以說謊呢？」），讓孩子可以安心與父母傾談他說謊了這話題。當孩子可以安心說出自己的感受後，父母就可以讓孩子明白原來的怪責或懲

罰不是為了令孩子害怕，而是希望可以幫助孩子改善行為。我們想化解孩子對說真話的恐懼，最重要是要讓孩子知道怪責與懲罰不是父母的原意（如例子中媽媽說出「媽媽見你最近很少用心溫習才這樣說」，這個才是媽媽的原意），大家還是可以一起找出更好的方式處理做得不夠好的行為，讓孩子不懼怕說真話，同時減低對父母的恐懼。

讓孩子明白培養說真話是值得欣賞的態度。

　　當孩子對說真話的恐懼減低後，我們也希望讓孩子明白培養說真話是值得欣賞的態度，以正向的角度鼓勵孩子誠實。如果說謊的情況是比較簡單與不嚴重，我們可於生活上當孩子承認錯失與說真話的時候，以「雖然你做錯了事，不過我很欣賞你會說出真話」正面回應孩子的誠實。如果孩子好像子軒的情況那樣，在說謊後被發現了，同樣也是一個培養孩子說真話、讓孩子明白說真話是值得欣賞的機會。我們可以如何與孩子從錯誤中學習到說真話的重要性呢？續以上的對話。

媽媽：「其實你一直不告訴我學校派試卷了，心裏有甚麼感覺？」

子軒：「我也很害怕。」

媽媽：「怕給我知道分數？」

子軒：「也怕你知道我說謊了。」

媽媽：「比起分數差了，說謊好像問題更嚴重呢……」

子軒：「我知道……」

媽媽：「而且一直隱瞞着感覺也不好受？」

子軒：「對呀！」

媽媽：「說真話可能不容易，但是應該會比起隱瞞舒服一點呢，現在說出來了，你覺得怎樣？」

子軒：「感覺好了很多，不用一直在擔心呢！」

媽媽：「說真話是很有勇氣的表現，如果你可以如實說出，媽媽也會很欣賞你呢！」

子軒點點頭。

媽媽：「我們每個人也會做錯事，下一次你做錯事時，如果可以誠實，媽媽也會體諒你的。」

子軒：「媽媽你也會做錯事嗎？」

當孩子經已說謊了，除了化解孩子害怕被怪責的感覺外，我們也可以從說謊後不好受的感覺入手（例子中媽媽說的「而且一直隱瞞着感覺也不好受？」），帶出誠實是更好的行為這個訊息（「說真話可能不容易，但是應該會比起隱瞞舒服一點呢」），從而鼓勵孩子說真話。最後，最重要的當然是指出說真話與誠實是父母欣賞的行為，並讓孩子知道每一個人也會做錯事，父母是會體諒誠實的孩子，平復孩子對做錯事的擔心同時也為孩子將來誠實的行為打一支強心針。

在孩子害怕被怪責的情況，我們也需要教育孩子正確面對錯處的方法，例如孩子其實可以就他做得不好的事（如：弄壞了家中的物品）向父母道歉，而父母是會接納與欣賞會道歉的孩子；同樣的情況在學校也會適用，雖然做錯事真的有可能被老師懲罰，但被老師懲罰幾乎是每一個孩子（甚至父母自己）也面對過的情況，我們更着重的是找出做得更好的方法，協助孩子正面面對錯處與改善情況，不用再以說謊掩飾過錯。

如果年幼孩子說了比較簡單的謊言時，輕輕地告訴孩子你知道真相，其實已可令孩子知道說謊不是有用的辦法（如在孩子要父母陪伴做功課的例子中，對孩子說出「其實我知道你是想我們陪伴對不對？」）。鼓勵孩子說真話，並於他說出真話後給予正面回應（如答應合

理的要求和讚賞）一般已足夠令孩子知道誠實是更好的
行為。如果留意到孩子需要的是關注，也可以參考第一
步「孩子心理與行為理解篇」談關注的章節，與書中談
孩子的情緒和讚賞部分，於生活上整體與孩子建立安全
感與正面關注。

後記

不安的謊言也包含對媽媽的愛？

在子軒的故事中，其實看到很多令人感到矛盾的情況。他一方面很怕媽媽的怪責，另一方面為了不被怪責而冒險去做後果更嚴重的事；同時在媽媽的角度，自己由細到大都是守規矩的孩子，可是對孩子的期望與擔心卻成了孩子的壓力。子軒與媽媽的關係其實是不錯的，可以有講有笑，子軒喜歡與媽媽一起，但也怕媽媽失望。

在會診初期，媽媽對孩子怕自己失望這個情況是帶有懷疑的，因為如果孩子怕她，為甚麼發脾氣，為甚麼不喜歡跟媽媽的指示努力學習呢？其實細看子軒的能力與學習，他的表現是在中等的水平，和一般的孩子一樣有自己的長處也有自己的弱項，只是在生活上不論是孩子還是媽媽也一直在想着改善弱項，孩子在過程中感到迷茫與灰心，慢慢形成了情緒與不願再在自己的弱項中糾纏，但他怕媽媽失望的心卻沒有改變，沒有更好的辦法下只好說謊隱瞞問題。

子軒很怕媽媽會扔掉他的漫畫，那到底子軒喜歡的漫畫是甚麼呢？當時他回答自己最喜歡的是角落生物，覺得角色可愛而且故事很有意思。那時我對這漫畫只有些表面的認識，於是回應了子軒「好像是說每個角色其實都有自己的價值吧」。子軒看着我，眼睛帶點閃爍的微笑地點點頭。後來了解到角落生物這故事的意義，更加感受到也許子軒在覺得自己不夠好的同時，也希望找到令自己安心的感覺。

　　子軒的媽媽後來試用正向方式與孩子相處，少用了懲罰，也用了更正面的說話與孩子談改善行為，當然也包括接納孩子的特質與減少直接批評。有一次子軒回來覆診，笑得很愉快的告訴我「最近媽媽很少再鬧我了！我好開心！」，而且因為功課做得好了，媽媽更送了一本新的角落生物圖書給他。媽媽看見自己與孩子的相處有所改變後，孩子的情緒真的好起來，沒有再常發脾氣，當然也沒有再說謊了，對自己與孩子的相處方式有了更大信心，而子軒應該終於找到了安心的感覺吧！

第三步

讓孩子幸福

孩子情緒篇

會診室中的孩子心事

情緒敏感，常常失落擔憂的俊希

俊希的媽媽發現孩子在4、5歲開始，有時會說自己感到不快樂與擔心。俊希是個聰明但情緒比較敏感的孩子，而父母都是雙職父母，晚上才可以陪伴俊希，當俊希跟他們說起自己感到不快樂與擔心，媽媽往往不知道如何回應他。

例如他從幼兒時經已會說出自己很想念爸爸媽媽，不希望父母因工作而不能多陪伴自己；到上小學後，他又會擔心自己成績不夠好，老師會不喜歡自己。媽媽努力嘗試回應俊希的感受，但傾談很容易愈談愈難收尾，媽媽發現自己說來說去都是「媽媽知道你唔開心」、「我都好掛住希希」、「希希成績咁好又有咩好擔心呢」，好像一直都安撫不了孩子。

另一方面，日間主要照顧俊希的是家中長輩，他們常認為俊希已經很幸福，不應該感到不快樂，他們覺得俊希的媽媽因為常常回應俊希的感受，令孩子常常

想着自己不快樂的事。他們一般聽到俊希說起自己的感受，都會以「小朋友有咩好唔開心呢」、「好多人慘過你都未話唔開心啦」去回應，藉此希望能化解俊希的情緒感受。

後來，學校的老師向俊希的媽媽反映，孩子有時會在回答課堂問題時好像回答不到問題，但事後再單獨問他又可以回答，然後俊希在老師引導下說出自己曾經有一次在課堂上答錯了問題，自始於課堂上答問題就容易感到緊張。雖然在老師安慰與鼓勵後俊希的情況有所改善，老師希望俊希的家人也可以幫助他處理情緒感受。

1　與孩子天天「談情」：基本篇

　　其實我們也不是不習慣與孩子談情緒的，只是不少父母都隨着孩子長大而越來越少與孩子「談情」。還記得孩子初上幼稚園時，放學回家我們會問他甚麼？就是緊張的問他「今天上學開心嗎？」。不過孩子長大後我們要顧及的生活細節多了很多，所以放學後見到孩子時問的問題都變成了「做完今天的功課沒有？」、「今次默書幾多分？」。與孩子習慣天天談情緒，除了可幫助孩子抒發情緒外，也是建立良好親子溝通的方法。在兒童成長的發展研究中發現，爸爸媽媽與孩子多在生活上保持「情緒對話」以及討論孩子的情緒，除了有助孩子增進情緒理解，也與孩子的情緒反應調節有關。而孩子的情緒應對能力，也與孩子的社交發展、人際關係、情緒健康和學習表現息息相關。情緒應對能力受先天與後天因素影響，而父母與孩子的情緒對話就是其中一個影響着孩子情緒應對能力的因素。

　　在這一章，我們會一起探討與孩子在生活上各式各樣的「談情」技巧。

孩子有時生活不開心，父母如何與孩子傾談才可培養正面孩子，令孩子幸福呢？

談「不好」的也談「好」的 —— 回應情緒時保持話題的多樣性。

當父母與孩子談情緒時，常發現難以掌握對話氣氛。例如在俊希的例子裏，他一直說着自己不開心的事情，讓父母不知道如何用對話安撫俊希。難以掌握對話氣氛的問題出在哪裏呢？不少人都知道我們要回應孩子的感受，但如果只停留回應感受，我們很容易會一直在強調那些感受，而未能為這段對話帶到出口，令孩子愈談愈情緒低落；但同時，我們也不希望只輕輕帶過（dismiss），讓孩子感到自己的情緒被忽視。

在俊希的例子裏，當媽媽只回應情緒時，我們會看到以下的情況：

俊希：「我很掛念爸爸媽媽，如果你們不用工作就好了。」

媽媽：「媽媽知道你唔開心……」

俊希：「那你不去工作可以嗎？」

媽媽：「我都好掛念希希，但我不可以不工作呀！」

孩子失落地低着頭……

在以上的對話，我們只談了寂寞的感受，雖然回應了感受，可是難以把話題伸延下去，而整個談話內容也有失落的感覺。如果我們可以使用運用問題的技巧保持話題的多樣性，效果會不一樣嗎？

俊希：「我很掛念爸爸媽媽，如果你們不用工作就好了。」

媽媽：「我不在家中時你想念我？你最想和我做甚麼呢？」

俊希：「對呀！想和爸爸媽媽講故事和玩耍。」

媽媽：「我也想念希希呢！現在媽媽和你一起，你覺得怎樣？」

俊希：「好開心！」

媽媽:「(微笑並摸摸孩子的頭)要不要一起看故事?我也想看看那本書。」
孩子微笑點頭。

　　如果我們可以轉變與孩子談情緒的方式,除了回應感受,也運用問題了解孩子的想法。在感受方面,我們在不同的時間會有不同的情緒,把孩子帶到當下,感受當下的情緒,可以幫助孩子以不同的角度了解自己的感覺,也可以助爸爸媽媽伸延話題。

正向溝通重點

不輕輕帶過(dismiss)與孩子情緒有關的話題,除了回應孩子感受,也可以運用問題把話題伸延。

父母要以幫助孩子多表達自己的感受與想法為本。

　　當我們聆聽孩子說話時，很容易就會加入自己的想法，為孩子的說話下了定論，這令孩子不能表達自己的想法，又怎能抒發自己的感受呢？而且，當孩子每次與父母談自己的想法與感受時都很快被截停，久而久之他們就不願意和父母再談心事。

NG 例子

俊希：「我怕考得不好老師會不喜歡我⋯⋯」

媽媽：「老師又怎會不喜歡你呢！你這麼乖巧！」

　　媽媽雖然回應了孩子，但媽媽一開始便下了定論，孩子便不能說下去，我們也了解不到孩子這個擔心背後的想法與感受。如果我們想孩子多表達自己的感受與想法，可以怎樣做？

俊希：「我怕考得不好老師會不喜歡我
……」

媽媽：「老師有這樣對你說嗎？」

俊希：「沒有呀，只是我覺得可能會……」

媽媽：「你是不是有點擔心考試？」

俊希：「是呀。」並點點頭。

媽媽：「我們不會每次考試都取得高分的，
這是正常啊，媽媽也試過呢！如果考得不
好我們會怎樣？」

俊希：「我考得不好……媽媽你會不開心
呀……」

　　在以上的例子，媽媽在對話中保持好奇心，了解
孩子擔心的來源，也想探討孩子的想法，沒有為孩子
的感受（擔心）過早作出假設，於是孩子可以有空間
表達與了解自己的想法和感受，同時也協助媽媽發現
到，孩子其實也不只怕老師不喜歡，也怕媽媽失望。
了解到孩子情緒的來源與想法，我們才可對症下藥作
出有效的回應。

聆聽是最好的傾談，父母不要急於加入自己的意見。

我們掌握了照顧孩子情緒的對話的技巧後，就來到對話最重要的元素——聆聽。當孩子習慣了與你談心事與情緒，我們可以用開放的態度聽聽孩子想說甚麼，讓孩子感到被明白並願意多說下去。爸爸媽媽在聽孩子說話時，很容易因為自己是「大人」的身份，而急於說出自己的意見或判斷孩子的對錯。

NG 例子

> 孩子：「我今天被老師罰了。」
> 媽媽：「你一定是做錯了才被罰吧，那你知錯了沒有？」
> 孩子：「知道了⋯⋯」並低着頭。

在這個例子中，我們一開始就判斷了孩子是錯的，也沒有回應即使孩子做錯了事，但被罰後可能有不安與內疚的感覺。

心理治療大師 Dr. Arthur Freeman 於2013年曾來香港授課，有人問他，甚麼方法最能令人感覺到我們的同理心呢？他笑着邊點頭邊向台下說：「呀吓……」，台下的人聽到這個答案也會心微笑。當孩子說起自己的感受與不安時，<u>只要點點頭與給予最簡單的回應，就已經能給孩子空間去表達自己的感受，並感覺到父母明白自己</u>。在上面的例子中，如果想聆聽下去，我們應怎樣回應呢？

正面語句
例子

> 孩子：「我今天被老師罰了。」
> 媽媽（點着頭說）：「是呀……可以多講一點給我聽嗎？」。
> 孩子：「全班同學也一起被罰呢！我們上堂時太吵了，令老師不能講課。」
> 媽媽：「唔，原來是這樣。」
> 孩子：「其實我們又真的是太吵了。」
> 媽媽（微笑與點頭）：「聽下去也好像是。」
> 孩子：「希望老師明天不要仍生氣就好了。」

　　在這個對話中，<u>媽媽的角色主要是在聽孩子說出事件，並給孩子說下去的空間，媽媽的回應一直也沒有把自己的意見加上去</u>，不只讓孩子感受到被聆聽與了解，

也讓孩子自己說出錯處。孩子願意和喜歡跟父母傾談生活上遇到的問題和感受，比起我們急於一時「指導」孩子更重要。如果你成為了孩子的傾訴對象，不只在孩子的幼童和小童時期有用，更是為了青春期作鋪排，讓孩子不害怕與你分享困難和心事，在他們真的有需要時也願意讓你知道。

常有父母在我們的會診室裏才第一次聽到孩子說出在學校中遇到問題的來龍去脈，並描述自己的感受，令父母感到驚訝。當中其實沒有甚麼神秘技巧，你也可以做得到！

正向聆聽重點

學習說「接着呢？」並點頭與微笑回應孩子，你與孩子的溝通和相處會更深入！

2 與孩子天天「談情」：挑戰篇

由大吵大鬧、發脾氣到平靜下來 —— 怎樣用言語讓我以正面態度應付孩子的負面情緒？

回應孩子的負面感受時，要先留意到孩子「有」負面感受，讓孩子感受到你了解他們。

　　一般我們可以從兩個情況看到孩子的負面情緒：一是從孩子的行為中觀察得到，例如發脾氣、不合作等；二是孩子自己說出他們的負面情緒。如果孩子可以自己說出自己的負面情緒，父母的煩惱會比較少一些；但不少孩子未必在感受到負面情緒時，用言語直接表達出來，而是用行為表現出來，這就是令爸爸媽媽頭痛的地方。不要以為只有年幼的孩子才會以行為表現情緒，這個情況在青少年甚至成年人身上也會發生。

幼兒的負面情緒與行為

晚飯時間，爸爸媽媽在說今天工作的事，4歲的孩子也坐在一起吃飯。

孩子：「我不要這個意粉了……」
媽媽：「為甚麼呀？這是你最喜歡吃的肉醬意粉呀！」
孩子：「我不想吃（看起來樣子很不高興）。」
媽媽：「你又發生甚麼事了，意粉一點問題都沒有。」

孩子開始大哭了起來，爸爸媽媽完全不知道應該對孩子說甚麼。

　　如果家中有幼兒，相信這個情況你不會感到陌生。不少孩子在2至3歲左右，會多了自己的主見和想法，同時也會有不滿，但在表達自己的不滿時，卻不會直接說出來。有些孩子會因年幼而未能完整表達自己的想法，也有些孩子是因為其他原因，如不知道表達了父母會怎樣想，或是表達不滿很多時只會被怪責等，這些原因令他們不說出心中所想。

　　即使我們未必完全掌握孩子「為甚麼」有負面感受，我們也可以透過回應孩子，並以正向態度拆解負面

情緒。不過在學習拆解前，我們再多看一個例子，大一點的孩子是怎樣以行為表達情緒呢？

> 澄朗是個 5 年級的男孩子，今天他放學回家，面上沒有了平日的笑容。
>
> 媽媽：「你今天怎麼了？」
> 澄朗：「沒事。」
> 媽媽：「為甚麼這樣的表情？」
> 澄朗：「我都說了我沒事！」
> 媽媽：「但你的樣子不像沒有事……」

媽媽都未把話說完，澄朗就回到自己的房間並關上房門。媽媽問其他同學的父母，得知孩子好像在學校和自己的好朋友打架，雖然大家也沒有受傷，卻被老師罰留堂。（有關澄朗的故事與情況，我們會在第四步再談。）

隨着孩子越來越大，如果我們一早沒有與他們建立良好的親子溝通，他們對父母說的心事會比兒時更少。即使日常與孩子的溝通問題不大，青少年期的孩子有負面情緒時，有時會一言不發、有時又會特別容易發脾氣；有些孩子會藉着玩電子遊戲麻醉自己的負面情緒，甚至自己也不知道自己的情緒壓力爆標。所以即使孩子長大了，也不代表與他們談負面情緒會比兒時更容易。

2.1 第一步：接納孩子的不快與負面情緒

接納孩子的不快與負面情緒，是我們與孩子以正向態度看負面情緒的第一步。如果我們對待負面情緒的態度，是希望它快點消失並認定負面情緒為「不好」，我們便以身教告訴了孩子負面情緒是不被接納的，為他們的心理健康帶來了長遠的影響。有時候，孩子的負面情緒也包含了對父母發脾氣，不少父母會問，難道我要接納孩子亂發脾氣嗎？答案當然不是。雖然我們未必認同孩子<u>不開心或生氣的原因</u>，但不代表我們不接納<u>不開心或生氣的情緒</u>。

談到接納不快與負面情緒，不少人也會想，我真的有不接納孩子的負面感受嗎？除了比較極端的說法，如「唔準唔開心！」外，一些在與孩子相處常用到的字眼，如「快點笑起來！（「快啲笑番啦！」）」、「唔准喊！」、「你再喊我就不和你回家了」等等，都是有不接納孩子負面感受的意思。

另一個會令孩子<u>感受到不被接納的常見說法是「為甚麼」</u>。「為甚麼」字面可以解讀成想知道原因，但更多的時候用於表達我們的不接納與不滿。看見孩子不開心或發脾氣，如果我們問「為甚麼你發脾氣了」，感覺會似怪責多於我們想了解。再者，當正處於不開心或發脾氣的孩子（甚至是成人）一般也很難當下就解釋到自己的負面情緒，讓我們試試換個更好的說法吧！

2.2 第二步：不否定＋不忽略，正面回應孩子的情緒

　　當我們開始了第一步，嘗試接納孩子的負面情緒，就可以學習正面回應孩子的情緒。爸爸媽媽很多時候即使不知道孩子不高興的原因，也至少知道「不高興」這種情緒是存在的，因此當我們回應孩子時，就可以從這個情緒入手。

> 回到剛才「幼兒的負面情緒與行為」那例子：
> 晚飯時間，爸爸媽媽在說今天工作的事，4 歲的孩子也坐在一起吃飯。
>
> 孩子：「我不要這個意粉了⋯⋯」
> 媽媽：「為甚麼呀？這是你最喜歡吃的肉醬意粉呀！」
> 孩子：「我不想吃。（看起來樣子很不高興）」
> 媽媽：「你又發生甚麼事了，意粉一點問題都沒有。」

　　當孩子的樣子已經表現出很不高興，我們也未知道來龍去脈時，回應孩子的情緒最好的方法其實是先要了解孩子的問題與感受。在這個例子中，媽媽回應了「你又發生甚麼事了，意粉一點問題都沒有。」看起來是一

個普通的回應，但當我們知道孩子情緒有起伏時，卻選擇回應事件，就無意間忽略了孩子的負面感受。如果我們想回應情緒作開始，可以怎樣說呢？

晚飯時間，爸爸媽媽在說今天工作的事，4歲的孩子也坐在一起吃飯。

孩子：「我不要這個意粉了……」

媽媽：「為甚麼呀？這是你最喜歡吃的肉醬意粉呀！」

孩子：「我不想吃。（看起來樣子很不高興）」

媽媽：「你看起來好像不開心了……」

孩子沒有說話，但點了頭。

媽媽摸摸孩子的頭並說：「我也感受到，有甚麼事嗎？」

孩子：「我等了很久，你們也沒有和我說話……」

在以上的例子中，媽媽看到孩子不高興後，她的回應不是與事件有關，而是轉為正面回應孩子當下的情緒，所以媽媽就以描述她看到的情緒作回應（「你看起來好像不開心了……」）。描述孩子當下的情緒，可以

令孩子感覺到自己被明白（being understood）。一般而言，即使孩子開始有脾氣或哭起來了，描述孩子當下的情緒可以說是成功令你與孩子站在同一陣線的好方法，同時也可避免他們因感到不被明白而發更大的脾氣。當孩子也認同媽媽的描述後，不要太急於下結論，如果我們有機會，好像例子中孩子靜了下來，便可以再一次向孩子表達你的同理心（「我也感受到」），孩子清楚地感到被明白而沒有被怪責，就會更容易向父母說出自己不開心的原因了。

在有些情況，我們知道孩子有甚麼不開心的，但我們未必很願意或懂得回應他們的情緒，例如若孩子故意不合作，不配合指令並發脾氣，還可以用相近的方法正面回應孩子的情緒嗎？我們看看另一個在街上發生的情況。

> 孩子：「我不走！我要繼續玩。」
> 媽媽：「但真的沒時間了，我們說好下午三時要離開的！」
> 孩子：「但我未玩完呀……」

媽媽嘗試「捉走」孩子，但孩子賴在地上大哭，他的力氣不少，媽媽不能強行捉走他，孩子一直在哭，媽媽不想破壞自己訂下來的規則，但也不想破口大罵孩子。

家有幼兒的父母不少也經歷過以上類似的不合作情況，孩子不願跟從一早訂下的規則，有時還發脾氣，這個情景在街上發生是令人尷尬無比的。在這裏，我們也可以用描述孩子的情緒與想法作回應。

孩子：「我不走！我要繼續玩。」

媽媽：「但真的沒時間了，我們說好下午三時要離開的！」

孩子：「但我未玩完呀……」

媽媽：「媽媽知道你很想玩多一會。」

孩子：「對呀……」

媽媽：「現在要走，如果我是你也感到失望呢，你有這感覺嗎？」

孩子：「對……我都好失望。」

媽媽抱抱孩子，並說：「下次再有時間，你會想再來嗎？」

在這個例子裏，媽媽沒有強行改變孩子，而是用了正面回應的技巧，說出孩子的想法與感受，並嘗試把自己代入孩子的角色，描述「如果我是你……」的感受。孩子想繼續玩與感到失望，是當下正常的想法與情緒反應，孩子不願遵守原本的規矩是不對的，但他的失望卻

不是錯的。如果我們強行改變孩子,孩子的失望就會化成大哭與發脾氣,將會令我們需要更長時間去處理。透過<u>正面回應情緒的技巧</u>,把孩子的不合作轉化成被明白,就有機會令孩子與我們合作。

孩子的說話 / 情況	否定 / 忽略的回應	正面回應情緒與想法
在不如意時表露出不開心的樣子	其實有咩好唔開心 / 有咩好嬲	你看起來好像不開心……
只看到孩子不高興但不知原因	你又怎麼了?一切都沒有問題呀!	我看到你好像不高興了,是嗎?
我想繼續玩,我不要走!	再不走就以後都無得玩!	媽媽 / 爸爸知道你很想玩多一會。
孩子不願意跟一早訂下的規則,如遊戲時間	說好了夠鐘就要停!	我也知道,現在要停下來是會令人感到失望。
孩子大哭了!	不准哭!男孩不可以哭的!	媽媽 / 爸爸知道你很傷心抱抱孩子說:我明白的

孩子表面的脾氣與不合作，背後往往包含
情緒；回應情緒，比起把重點放在脾氣與
不合作的行為更易化解情況。

2.3 第三步：讓大孩子學習說出自己的情緒

隨着孩子長大，我們不會永遠停留在說出他們感受
作回應的第一步階段。而在第二步，如果孩子說不出自
己的感受，或不願意說出感受，我們就以正向方式回應
孩子。當孩子開始長大，我們就要讓他學習說出自己的
情緒。而對上了高小或初中的孩子，我們要做的則是給
予非批判性（non-judgmental）的空間以談情緒。

在幼兒長大的過程中，我們只要多走一小步，就可
以從正面回應中讓孩子學習說出自己的情緒。在剛才第
二步中孩子不願離開的例子，媽媽用了「如果我是你」
的技巧後，她問了孩子一個問題：

媽媽：「現在要走，如果我是你也感到失望呢，你有這感覺嗎？」

孩子：「對……我都好失望。」

這個問題，除了想確認一下我們描述孩子的感覺是否準確外，也是引導孩子把自己的感受說出來。當我們回應孩子的感受後，可以用問題引導孩子把自己的感受說一遍，如「你有這感覺嗎？」；有些孩子會只回答「有」，如果是這樣，我們可以再問「是怎樣的感覺／感受呢？」，讓孩子把感受說出來。我們在生活上多運用這個方式，即使我們不用故意鼓勵孩子說出感受，慢慢地他們也會習慣說出感覺。當我們知道孩子可以把自己的感受說出，一旦他們有負面情緒或不合作時，我們的回應就可以給予他們更多空間，如「你看起來好像有點情緒」，然後耐心等待孩子自行說出自己的感受。

孩子不害怕說出自己的負面感受，視與爸爸媽媽談情為舒服與舒壓的方式，讓負面情緒有健康的出口是我們的最終目標，這也是我們強調要與孩子的情緒走在一起，讓孩子可以自行說出自己的感受和原因。

正向聆聽重點

引導孩子把自己的感受說出來，長遠可幫助孩子運用傾談紓減情緒壓力！

對於較年長的大孩子，即使與父母關係良好，遇到負面情緒時，也可能不想當下說出來。對於大孩子，我們要做的是給予非批判性（non-judgmental）空間以談情緒，實行起上來是怎樣做呢？特別是孩子看似不想說下去，我們還可以如何表達出那「空間」呢？

NG 例子

澄朗是個 5 年級的男孩，今天他放學回家，臉上沒有了平日的笑容。

媽媽：「你今天怎麼了？？」

澄朗：「沒事。」

媽媽：「為甚麼這樣的表情？」

澄朗：「我都說了我沒事！」

在先前澄朗的例子中，媽媽其實知道兒子有不妥，而兒子似乎不願在那一刻討論；但她卻回應了「為甚麼這樣的表情？」。就如第一步談到不接納那點，這裏的「為甚麼」，似有不接納孩子答案的意味。當青春期孩子在外面遇到挫折，我們看到他目無表情，甚至「黑口黑面」，可能會很想問「為甚麼」，或是誤以為子女對自己不滿了而說出怪責的說話，但這樣說就阻礙了孩子和我們的溝通空間。在這裏，我們可以參考先前的描述孩子的情緒，再給予非批判性（non-judgmental）空間回應孩子，讓大孩子在準備後，願意向你說出自己的情緒。

正面語句例子

媽媽：「你今天怎麼了？」

澄朗：「沒事。」

媽媽：「你看起來沒有了平日的笑容呢……」

澄朗：「……」（低下頭，沒有回答）

媽媽：（吸一口氣）「不要緊的，你甚麼時候想說，媽媽也會準備聽的。」

澄朗：「好吧……」（點點頭，回到自己的房間）

在這個情況中，當澄朗說了「沒事」後，媽媽以描述她看到孩子的情緒作回應（「你看起來沒有了平日的笑容呢……」）。孩子感受到媽媽知道自己有不妥，雖然他未準備好說出來，也沒有了先前帶有反感的反應。媽媽於是再給予非批判性（non-judgmental）空間，說出「不要緊的」，讓孩子明白自己不是要迫他說甚麼，然後，再表示自己準備好聆聽孩子。媽媽為甚麼在這裏吸了一口氣呢？因為其實她也擔心孩子，要放棄當下不斷追問，也先要把自己心裏的不安定放下來，這也是我們要在第四步「不做惡爸惡媽：父母情緒篇」中討論父母自身情緒的原因。

我們的回應不是迫青少年期的孩子甚麼也說出來，也不是想在他的煩惱中添壓力，而是回到最基本的談情緒目的──希望孩子有健康的情緒出口，留有適當的空間，孩子不怕說出感受的後果，他們在準備好的時候自然會把煩惱告訴你。

2.4 第四步：調教回應的聲線與身體語言

調教聲線與身體語言是最簡單易明卻最難做得好的，先前說的種種方法，如果沒有配合恰當的語氣與身體語言，效果可以相差很遠。一般我們和孩子談情緒，特別是孩子有負面情緒的時候，父母與孩子的情緒很容易形成「乒乓效應」，會因為沒有注意當下（be mindful）而不自覺產生負面情緒：如孩子「忟憎」，

父母也會緊張與「㧓憎」起來，當孩子感受到父母的情緒，他的「㧓憎」會變得更嚴重。

此時，我們的<u>聲線、語氣與身體語言就會成為其中一個平復孩子情緒的關鍵</u>。下面的圖表就按照孩子當下的感受，建議一些合用的聲線與身體語言：如孩子「㧓憎」時，我們會避免使用緊張與生氣的語氣，免得孩子聽我們的說話時「愈聽愈㧓」；我們可以使用<u>平和而肯定的語氣</u>與孩子談當下的情緒，與及後的處理。值得注意的是，肯定（affirmative）的語氣，不是溫柔也不是兇惡，在孩子「㧓憎」或不合作時，我們也不可以太溫柔，令孩子聽不到我們的說話，但也不可以兇惡，令情況火上加油。

孩子的情緒	避免使用的聲線與身體語言	適宜用的聲線與身體語言
「㧓憎」	緊張與生氣的語氣，說話節奏急促	平和而肯定的聲線，說話速度放慢
不開心	愛理不理的語氣，邊聽邊做自己的事，如看手機	平和而溫柔的聲線
不安／擔心	過份着急的語氣，表現出不安及擔心的神態	平和而溫柔的聲線，配合身體接觸，如輕抱、摸摸孩子的頭

在身體語言方面，我們也容易不自覺做了一些阻礙我們與孩子談情緒的動作，如說話時叉起腰、父母高孩子低（父母站起來，而孩子較矮或蹲在地上）、當孩子生氣或發脾氣時以手指指着孩子說話等。

身體語言運用恰當，會幫助我們與孩子談情緒時事半功倍，也可在孩子發脾氣時更有效平復孩子的情緒。不論孩子甚麼年紀，我們和孩子「談情」時最好<u>與孩子在同一水平線、身體微微向前傾、手輕輕放在孩子的手臂</u>或背部表示關懷，這個就是讓孩子最容易「聽得見」，並接納你的說話之身體語言。

運用身體語言與孩子溝通的佼佼者相信非英國威廉王子與凱特王妃莫屬，只要在網上搜尋一下，就不難看到他們與孩子說話時的身體語言。威廉王子的孩子不時在公眾場合有情緒，身為父母的王子和王妃常會以身體語言表達接納與關懷，與孩子在同一水平線溝通，雖然我們聽不到他們說甚麼，不過也可以見到孩子們的情緒很快平復下來，並在遠處感到父母對孩子情緒的關懷。

> **與孩子談失敗，是接納失敗而不損自信的法則。**

　　希望孩子能接納失敗而不氣餒，是近年不少父母常關注的題目。我們都擔心孩子太脆弱長大後經不起挫折，但當孩子經歷失敗時，我們又不知道如何與孩子傾談，才可把失敗的經歷轉化成正面的經驗。回應孩子失敗的經歷時，我們很容易掉進「回應盲點」，例如安慰孩子「下次不會再失敗」、「不出錯就沒問題」，這些回應其實未能幫助孩子面對害怕失敗的感覺，甚至間接影響孩子逃避有機會失敗的情況。當我們與孩子談失敗時，不是要他們不出錯，而是希望他們可以接納錯失與相關的感受，並有勇氣改善及嘗試。

　　我們回到這一章開始時提到的俊希，他因為試過上堂答錯問題而害怕出現類似的情況，而他也沒有把這個問題告訴父母，只是老師發現了並告訴媽媽。媽媽可以如何入手與俊希傾談這失敗的經歷呢？

媽媽有一天和俊希看了一套卡通片，裏面的孩子也在上堂時說錯話。

媽媽：「俊希，你有試過好像這主角在大家面前說錯話嗎？」

俊希看着媽媽：「……好像也有。」

媽媽：「那個時候會不會感到害怕呀？」

俊希：「會的，很害怕呀！」

媽媽：「怕甚麼？怕別人笑你？」

俊希：「怕同學笑。」

媽媽：「那他們有笑嗎？」

俊希點點頭，沒有答話。

當我們想和孩子談失敗的經歷時，如果孩子的情況不是他自己告訴我們，而是父母從其他途徑得知，我們可以選擇以故事、卡通片等入手，先和孩子一起看與他的經歷類近的片段，這個方法也適用於不願主動提起挫敗的孩子。然後，就可以與孩子透過談主角的情況去談失敗。這樣做可減低孩子提起經歷的抗拒，也可平常化（normalize）孩子對失敗的擔心與不安。

值得留意的是，俊希媽媽沒有在知道俊希有過相近的經歷（俊希回答：「……好像也有。」）後立即緊張地追問細節（如：甚麼時候發生、哪個同學笑你、當時

上甚麼堂），而是繼續與俊希談當時的情緒感受。挫敗對孩子來說不是很光彩的經歷，如果父母一氣過追問太多細節，有時候孩子就不願說下去了。

媽媽與孩子交談時，有時會發現孩子的失敗經歷在成長中很難避免，如不小心說錯話被同學取笑、考試測驗失手、被老師懲罰等等。如果孩子感到介懷，我們可以嘗試與孩子發掘其他正面角度去理解這些經歷。看看以下的例子如何從不同的正面角度看失敗：

正面語句例子

媽媽：「你令我想起媽媽小時候呢。」配合微笑。

俊希：「媽媽小時候甚麼事？」

媽媽：「也試過上堂說錯話，同學都笑起來。」

俊希：「那麼你當時怎樣了？」

媽媽：「媽媽當時也感到難受呢！」

俊希點點頭。

媽媽：「我去了問我的好朋友，為甚麼她也笑我？」

俊希：「好朋友也有笑你？」

媽媽：「對呀，不過她說，當時只是覺得我有點搞笑，她不是有惡意。」

俊希的媽媽在這兒選擇用了自己的兒時經歷，與孩子解釋同學當時笑的原因。當我們嘗試運用自己的經歷和孩子談失敗時，<u>注意不要當下就強調「媽媽／爸爸也試過，我最後不也是克服了」</u>，這樣太快下結論會大大減低孩子的認同感，而他也可能感到自己未能克服的問題更大。當爸爸媽媽運用自己的經歷和孩子談失敗時，<u>說出自己也有過孩子的感受</u>，才可讓孩子理解到失敗的難受與不安原來不是自己獨有的問題，從而減低對失敗感覺的抗拒感。

如果孩子感到興趣並想繼續談這挫敗的經歷，我們也可以嘗試引導孩子自己說出對那次經歷的一些新想法。

媽媽：「對呀，不過她說，當時只是覺得我有點搞笑，她不是有惡意。」

俊希：「是嗎？」

媽媽：「我想也是吧……那麼，那次事件之後你的同學還有提起那件事嗎？」

俊希：「沒有呀。」

媽媽：「你們小息有一起嗎？」

俊希：「有呀。」

媽媽：「你覺得他們為甚麼沒有再提起？」

俊希：「可能……很快也忘記了，而且每天也有人答不到老師問題呢！」

　　我們與孩子找到不同的角度看失敗的經歷，並接納失敗的感受，對於孩子將來的抗逆力也會有良好的幫助。如果可以，多在談失敗經歷時使用引導式問題，如俊希媽媽問「你覺得他們為甚麼沒有再提起？」，而不是把新的想法直接告訴孩子，可有助孩子建立抗逆思維，在將來遇到困難時自行思考不同的角度看逆境。

> 欣賞過程和努力，讓孩子在
> 失敗經歷中保持自信心。

　　除了和孩子談失敗，我們也希望可以幫助孩子不要因失敗的經歷而失去自信心。孩子在童年到青少年期，是如何建立自信心的呢？自信心一般是從自身的成就與別人的評價慢慢建立而成，而孩子的成就可以包括他們實在的表現，如學業、運動、藝術等範疇；別人的評價則更廣闊，年幼的孩子會較着緊父母與老師的評價，當孩子慢慢長大，朋輩的評價會變得更重要。當孩子在外面遇到挫折，父母的評價也可以助孩子在失敗中保持繼續向前的自信。在俊希的情況中，媽媽的評價可以如何助孩子保持自信呢？

正面語句例子

俊希：「我考得不好……媽媽你會不開心呀……」

媽媽：「媽媽也是會覺得有些可惜，因為我們也有一起努力，對不對？」

俊希點點頭。

媽媽：「不過看見你那麼努力，媽媽也感到很高興呢！」

俊希：「為甚麼？」

孩子有時即使努力過，如溫習、準備比賽、做勞作等，都有機會失手，又或是在比賽中得不到獎項，這一些失敗的經歷都有機會令孩子感到氣餒，或是害怕下一次再嘗試，如果我們希望幫助孩子在失敗中保持信心，可以欣賞孩子在過程中的努力，給予肯定。這個做法是一箭雙鵰的，既可以為孩子保持信心，也可以透過肯定而令孩子繼續努力（鼓勵「努力」作為好行為）。所以，俊希媽媽也以「不過看見你那麼努力，媽媽也感到很高興呢」去表示自己對孩子努力的認同。在父母向孩子表達認同後，我們也會想孩子認同自己的努力，保持正面態度去迎接下一次的挑戰。

俊希:「為甚麼?」

媽媽:「因為不論讀書,還是做其他事,好像畫畫,或是運動,努力學習的態度很重要呀!」

俊希:「有甚麼重要?」

媽媽:「學懂努力,我們距離成功又會近一步!」

俊希微笑。

媽媽:「你覺得自己努力嗎?」

俊希:「有呀,只是剛巧忘記了那幾個答案。」

媽媽:「而且你還會自己打開書本溫習,對不對?」

俊希點點頭。

媽媽:「所以媽媽說,看見你努力又主動,感到很高興呢!」

　　在這裏,媽媽再進一步描述自己看到孩子在努力過程中的好行為(孩子自己打開書本溫習),也透過引導式提問幫助孩子認同自己的努力(「你覺得自己努力嗎?」),強調自己看到孩子努力而感到高興,這個

做法可成功把孩子原本放重在成敗得失的負面感覺，放到正面地看自己的努力，並透過父母的欣賞，把這份努力繼續下去。

在孩子人生漫長的學習與挫敗中，爸爸媽媽都希望鼓勵孩子努力與主動，而不是只着眼於結果的成敗，如果孩子保持到正面的學習態度，接納學習時會遇到的高低起伏，就可以把失敗轉化成正面的經驗。不借孩子的失敗再一次責怪孩子，向孩子說明父母的愛跨越孩子的成功與失敗，你就可以成為孩子面對人生起伏的最佳後盾，讓孩子在人生中保持接受挑戰的自信心！

培養正面的孩子，由不怕負面情緒開始

到底如何才可以令孩子變得正面呢？這個是不少父母也希望孩子做得到的事。孩子有自信、不怕失敗、少脾氣，是大家也渴求的特質，但也有不少孩子的情緒像俊希一樣比較敏感，也很怕令父母失望。有時候，孩子因怕父母失望和不開心，很多心中的說話、擔心和生活經歷也不對父母說；而父母和照顧者也怕孩子被負面情緒影響，所以都不說與情緒有關的事。就是這樣孩子的情緒一直累積，一遇到生活問題或是引起情緒的經歷，往往情緒反應很大，也需要更長的時間回復過來。

第一次與俊希和他的媽媽見面時，就感到孩子在媽媽面前，特別是在說起學校的事就會有點吞吞吐吐；當媽媽不在診症室裏，俊希反而比較輕鬆。俊希在後來也說出，怕與父母說起學校的事，不想媽媽擔心，但可以把自己的感受說出來，心中感到好像輕了一點。而在媽媽的方面，她很好奇為甚麼孩子每次來到我們這裏，她總可以聽到孩子仔細描述在學校的經歷和自己的感受，

而在家中卻好像很難表達自己。因此，孩子在一方面學習情緒調節，媽媽也在另一方面學習與孩子多作日常性的情緒溝通，回應孩子的種種感受。然後一段時間後，媽媽發現俊希多了把心中想法，例如害怕測驗成績不好等告訴她，而媽媽也可以用自己學過的技巧與孩子談擔心與失敗。

理解到父母的接納對情緒敏感的孩子可能才是最大的強心針！俊希有一次說起自己不小心帶錯上學期的手冊回校（當時已是下學期了），但是說起來他的表情是笑咪咪的，而不像先前那樣繃緊。我問他對這件事有甚麼感覺，俊希笑笑說媽媽笑他是大頭蝦，他也覺得自己是。看見孩子輕鬆起來，俊希媽媽也不再擔心與孩子談情緒了。

第四步

不做惡爸惡媽

父母情緒篇

會診室中的孩子心事

上堂不專心、與同學打架的澄朗

澄朗是個5年級的男孩子，他的個性比較活躍和衝動，但個性善良，運動能力也不錯。他從小到大都被老師認為上堂不專心，雖然情況不是很嚴重，但澄朗的媽媽很怕收到老師的電話。一到放學時段，總會對老師會否打電話過來而感到緊張。

澄朗有好幾次在學校和好朋友打架，雖然不是重手地打，只是男孩子之間的玩耍，但每一次媽媽都不是從澄朗口中得知事件的。

第一次，媽媽是先從同學的媽媽口中得知，再被老師通知；之後的，都是老師打電話告訴媽媽。澄朗社交上的問題被老師特別關注後，與老師的關係也越來越差，他經常表現得不願與老師合作，影響課堂表現，讓老師更擔心他的情況。

媽媽再問事情發生的經過，澄朗也不願提起。起初，媽媽非常生氣，除了罵了澄朗一頓之外，還懲罰他不可以上他最喜歡的運動班。當發生第二次、第三次後，媽媽不只生氣，同時也很擔心孩子——他會不會從此就經常與同學打架呢？是不是他遇上任何問題也不會告訴我？多年來媽媽擔任了「惡媽」的角色，才可推動孩子溫習、練琴，雖然她明白可能懲罰與「惡」沒有用，但一見孩子重複犯錯，一方面難以控制自己的情緒，另一方面也不知如何對孩子說正面的話。

1 父母今天的説話會成為孩子明天的內在聲音 (inner voice)

孩子做錯事，父母有時難以控制自己的情緒，我應該做「惡媽惡爸」責罵他嗎？

父母的説話對孩子的心理健康有直接影響，負面的説話會令孩子的內在聲音變得負面。

上一章我們談到孩子失敗時如何維持自信心，以及父母的評價對孩子的重要性，其實父母的説話也不是只在孩子面對失敗時發揮作用，而是對孩子的心理發展以至長遠的心理健康也有影響力。因此，在探討父母自身情緒時，先要明白自己被情緒影響下説出的話，到底會對孩子有甚甚麼影響。

回想孩子年幼時，即使還未學會說話，但每學到新事物、發現玩具的玩法，他們第一時間就會看着父母，再看看手上的新玩意微笑——這個就是最原始想與父母分享，以及渴望得到父母認同的心。這顆心是不會因孩子長大而改變，不少孩子都想父母高興並得到父母的認同，有些人到長大成人，還是會因為得不到父母的認同而感到遺憾，因此，父母的說話與認同，就成了孩子心中的內在聲音（inner voice）。

有些人會問，為甚麼孩子在意父母的認同卻又會做出父母不滿意的行為呢？孩子做出不理想的行為背後可以有很多原因，有時可以因為小頑皮心態、有時忘記了規矩、有時自控能力問題等等，但孩子做出不理想行為，不等於他們不在意父母的認同。

孩子遇到困難與不安時，心中的說話（self-talk）可以是正面的，也可以是負面的；正面的內在聲音幫助孩子克服困難，負面的內在聲音令孩子退縮，變得畏懼。如果我們常常批評孩子，孩子更容易感到自卑，他們未必會因父母的說話而討厭父母，但父母的批評卻令孩子討厭自己。所以即使我們在生活上因孩子不聽話而生氣了，想一想你希望孩子在遇到困難時，他的內在聲音會說甚麼？是在批評他、責備他，還是成作為他心中的推動力呢？

父母都不是有心口出惡言傷害孩子的，那些批評或否定也有其箇中原因。其實父母有很多方法可以處理自己的情緒，減少對孩子生氣的機會，這樣即使在面對照顧孩子的生活挑戰，也能減少說出令孩子感到受傷害的話。另一方面，於日常生活多欣賞與讚賞孩子，以正面方式鼓勵孩子與我們合作，孩子也會減少令我們生氣的「不理想」行為，父母的情緒壓力也會相應減輕。

　　父母希望「說話魔法」有效，與孩子幸福生活，在處理自己的情緒與欣賞孩子這兩個方向相輔相成下，除了幫助孩子建立健康的心理與改善行為，也可助父母舒緩生活上的情緒壓力。

正向 checkpoint

- 常批評孩子，孩子更易自卑
- 常正面鼓勵孩子，孩子更積極
- 常欣賞孩子，孩子更有自信
- 父母的正向說話，成就孩子的正面特質，令孩子與父母都更幸福

父母的情緒和言語與孩子的互動關係

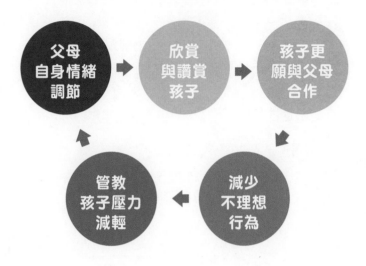

2 多讚賞孩子可令父母減少壞情緒：說「好話」的溝通技巧

讚賞孩子可以令孩子更「聽話」嗎？讚賞時有甚麼技巧？

讚賞的話語，是對孩子最好的獎勵。

　　為了讓孩子認同父母與「聽話」，不少父母都會使用獎勵，很多人都誤以為獎勵是物質性的，如禮物和玩具等，現代有一些獎勵比物質性獎勵更難以使用得恰當，如Ipad電子遊戲時間，這些不合用的「獎勵」都有一個共通點，就是長遠而言愈用得多孩子就對這些「獎勵」愈沒有感覺，有時一不小心還會造成反效果，如令孩子認為只要自己做完某些任務（例如功課）就會有玩電子遊戲的時間。

第二步「問題行為正向拆解篇」討論過實質獎勵的運用，這一章我們會討論非實質獎勵——讚賞。對於年幼的孩子，父母的讚賞如用得恰當就是最好的獎勵，而對於年紀較大的孩子，父母的讚賞可能不是唯一的獎勵，但也是不可缺少的正面推動力。

反之而言，父母對孩子的讚賞，也可以是照顧父母情緒的良藥——多欣賞自己的孩子，可以讓我們在遇到管教困難時想起孩子的各樣優點，減低父母因為孩子「不理想」的行為而產生壞情緒。讚賞看似簡單又複雜，大家也會說讚賞的話，可是有些爸爸媽媽常疑惑讚賞為甚麼好像沒有效，又或是孩子好像不喜歡讚賞，這一章筆者會解答父母對讚賞的疑惑，讓孩子感覺到父母的欣賞。

讚賞的藝術：
簡單而有描述性

每個人都會說讚賞的話，但如果讚賞的方式不當會使讚賞失效，我們先看看以下兩個例子：

NG 例子 1

孩子完成了畫作,拿給媽媽看。

孩子:「媽媽,你看!」
媽媽:「好靚呢!」

孩子微笑看着媽媽。
媽媽:「真係乖啦!」

NG 例子 2

孩子常常吃飯吃得很慢,今天難得早了半小時吃完。

孩子:「爸爸媽媽我吃完了!」
媽媽:「真係乖啦!」

而爸爸沒有說話,只是點點頭並看着手機。

　　例子1是孩子完成了他所喜歡的任務,而例子2是孩子完成了日常做不到的任務。我們可以看到,孩子的好行為(畫畫與吃飯快了)雖然被讚賞了,但都是<u>概括性讚賞</u>。孩子不論是做了甚麼好行為,父母很容易就會說出「真係乖啦!」這種概括性讚賞。這種讚賞方式對年幼的孩子可能還有些用處,但孩子到了大約4歲後,這

種讚賞便開始失效，因為太概括，孩子聽起來聽不出指向性，被欣賞的感覺也會大大減低。當然，有讚賞比起沒有讚賞好，我們常常會忽視了孩子的好行為（像例子2的爸爸只是點點頭並看着手機），而只是在孩子出現不理想行為時才給予關注（如詢問孩子為甚麼吃飯吃得慢），這間接鼓勵了孩子的不理想行為──當想得到父母的關注時便做出惹父母生氣的行為。我們如果轉為使用描述性讚賞，情況會有甚麼不同？

👍
正面語句
例子 1

孩子完成了畫作，拿給媽媽看。

孩子：「媽媽，你看！」

媽媽：「畫得好靚呢！」

孩子微笑看着媽媽。

媽媽：「我特別喜歡這隻小貓，你應該很用心畫吧！」

孩子：「對呀，有點難畫，不過我還是想試試。」

媽媽：「覺得難還是嘗試了，做得很好呢！」

孩子常常吃飯吃得很慢，今天難得早了半小時吃完。

孩子：「爸爸媽媽我吃完了！」

媽媽：「今天吃得又快又乾淨，媽媽很高興呢！」

孩子興奮地把飯碗收好。

爸爸：「不只吃得乾淨，還收好飯碗，叻仔！」

描述性讚賞是在讚賞同時描述孩子做得對的行為，在例子1中，媽媽不只讚賞孩子「乖」，更以畫中畫得較仔細的小貓，讚賞孩子「用心」。在孩子學習的過程中，「用心」是需要多鼓勵的特質，父母看得出孩子的努力，孩子便更感受到父母的欣賞與認同。當孩子說出自己覺得困難的地方，父母可把握這個機會讚賞孩子樂於嘗試。父母對孩子說「做得很好呢！」已是讚賞的回應，如果我們想使用描述性讚賞令孩子知道自己「甚麼做得好」，我們就可把孩子做得好的加進描述性讚賞當中（「覺得難還是嘗試了，做得很好呢！」）。

描述性讚賞向孩子強調了甚麼是好行為，例如在例子1中，我們不但想孩子認為畫畫是好行為，而是想孩子知道「遇到困難還是嘗試」是好行為。而在例子2中，吃

飯吃得快當然也不錯，但同時我們也強調了乾淨，當我們確實指出一些特質是好行為，就可以引導孩子多做那些特質的行為，令孩子變得更主動，好像在例子2中，孩子被讚賞吃得乾淨後，就興奮地把飯碗收好。

父母的說話，對孩子來說有引導式提示效果，其中一個有趣的生活現象就是我們常常提示孩子不要做某一些事情（例如叫孩子不要開雪櫃），他們反而立即再做一次，在我們說「不要做」的時候，反而提醒了孩子做該行為。這原理其實反之亦然，我們在讚賞中提示了孩子好行為，孩子也會更大機會在被提示下而做出相應行為，這是為甚麼在兒童心理學中我們強調多向孩子說你想看到的正面行為，而不是只著眼於對不理想行為說「不」的原因，而這個也是使描述性讚賞更有效的原因之一。

描述性讚賞示範——不要讓「好話」失焦

明白了讚賞的好處後，相信不少父母都急不及待想多在生活上運用讚賞，同時也可能會疑惑如果是這樣簡單，為甚麼好像不是每個孩子也「受讚」呢？如果我們

細心留意自己說的話,「好說話」也會容易於生活上失焦,令讚賞無效,孩子感受不到被欣賞,也改善不到親子關係。到底甚麼原因令讚賞失效?我們可以如何避開這些問題呢?

2.1 讚賞時不要加上批評,提起孩子做不到 / 做錯的經驗

最常令讚賞失效的原因,是我們在讚賞同時對孩子加了批評。這個現象在比較傳統的社會與家庭都很常見,我們上一代的父母常常會說怕「讚壞」孩子,而在人前也要謙厚,因此讚賞同時常常會加一兩句批評,我們容易內化了(internalize)這種育兒的讚賞模式,在生活上應用了而不自覺。

另一方面,也有一些父母本着希望孩子進步的心,而把批評的說話混在讚賞當中,但這個做法很多時是吃力不討好,希望孩子進步也不只有常提起孩子錯處這個做法(詳情我們在第二步「問題行為正向拆解篇」討論過),我們一起看看讚賞加了批評時會變成怎樣:

澄朗媽媽在知道學校的情況後,與澄朗來我的診所求診,在澄朗的合作與努力下,他的情緒與社交情況很快就見到改善。後來有一個星期澄朗在學校的表現不錯,媽媽收到老師的電話,說起他這個星期沒有與朋友爭執,也沒有先前和老師不合作的情況。

媽媽：「聽說今個星期你在學校乖了。」

澄朗：「是嗎？」

媽媽：「現在不是幾好嗎？不用常常給老師鬧。」

澄朗看看媽媽，反了個白眼。

媽媽：「甚麼事？我說得不對嗎？」

澄朗：「對……你說得對！」然後回到自己的房間。

澄朗的媽媽原本是想讚賞孩子的，但同時她的一句「現在不是幾好嗎？不用常常給老師鬧」又直接把澄朗先前做錯事的情景刻劃出來，這個就是常見令讚賞失焦的說話方式，在讚賞同時加了對孩子的批評，令這些讚賞聽起來更似怪責，孩子感覺不到父母的欣賞，父母也感受不到孩子有被欣賞的喜悅。

當時澄朗的媽媽在看到孩子的反應後很迷茫，她感覺到孩子不高興了，卻不知道他不高興甚麼，後來她把這個問題帶到會診室諮詢，才發現可能自己都不為意自己在讚賞時批評了孩子，其實在媽媽心中，她是真的很欣賞孩子的進步，可是孩子卻因聽到自己的錯事被重提而感受不到讚賞。

讚賞時 加了批評的說法	**給予孩子 正面的讚賞**
今次做得不錯，不像上一次那樣！	今次（事件）做得不錯，越來越進步了！
現在沒有再說謊才是乖孩子！	說真話真乖呢！媽媽很欣賞誠實的你。
今次可以和叔叔打招呼，是不是很容易呢？之前都不知道你怕甚麼。	剛才和叔叔打了招呼，很勇敢呢！

2.2 讚賞不是為了要孩子做得更多，不宜帶有目的性

　　另一個常令好說話失焦的原因就是讚賞是另有目的。不少父母都希望巧妙地運用讚賞令孩子走得更遠，雖然讚賞是有鼓勵好行為的作用，但如果每次讚賞都同時要求孩子做得更多，很快孩子便會知道讚賞背後的目的，讚賞就會因此而失效。這種有目的性的讚賞聽起來是怎樣的呢？我們試試回到孩子吃飯的那個例子看看。

NG 例子

孩子：「爸爸媽媽我吃完了！」

媽媽：「今天吃得真快呢，如果天天都這樣快就好了！」

孩子：「我今日好努力才吃得完……」

媽媽：「我知道呀！天天都要那麼努力就對了！」

孩子低頭不語。

在這個例子中，媽媽回應孩子吃得比平日快的行為時，加入了自己的期望（「如果天天都這樣快就好了」），但這個期望反而令孩子當下感到失望（「我今日好努力才吃得完……」），孩子原本就是吃得慢，而當時可能付出了努力所以那一天才表現得比平日好，孩子也會希望父母會因此而高興，但當下媽媽就訂了一個更難達到的期望（天天都這樣快），孩子深明白到自己應該未能做得到，容易感到沮喪。這樣的讚賞不只不能鼓勵孩子，有時更會令孩子放棄做好行為呢！

❌ 讚賞帶目的性，想孩子做得更多	✔ 先給予孩子描述性讚賞	✔ 如果我還想鼓勵／推動孩子，可以怎樣說？
功課做得很好！你再做點練習也沒有問題吧！	功課做得很整齊，而且看到你有再檢查答案，做得很好呢！	[給予孩子選擇]你今天還有精神嗎？如果有的話媽媽也可以與你一起準備測驗。
今天吃得真快呢，如果天天都這樣快就好了！	今天吃得又快又乾淨，媽媽很高興呢！	[正向鼓勵]我們明天也一起好好努力！（配合微笑）
今次成績不錯呢！下次再考好一點來看看吧！	媽媽看得出你今次很主動溫習呢！	[與孩子分享喜悅]很高興你的努力有好的成果！

可以轉化為 ➡

➕

2.3 平日太惡了，孩子不相信你是在讚賞他

這章的主題是如何可以不做惡爸惡媽，惡與讚賞的效用，當然也息息相關的。當我們希望多讚賞孩子為親子關係「儲養份」，同時也要身體力行改善那份「惡」。如果在日常生活很容易對孩子生氣，總是惡巴巴的說話，長久下去即使你真心想讚賞孩子某一些行為，孩子也會難以相信父母是在稱讚他。

在澄朗的情況中，媽媽知道了自己的讚賞方式如何改善後，她再一次嘗試稱讚澄朗在學校的表現。

NG 例子

媽媽：「老師說你這個星期在學校很合作呢！媽媽知道你有很努力改善自己。」

澄朗瞪瞪眼睛看一看媽媽。

媽媽：「甚麼事⋯⋯」
澄朗：「你真的是想讚我？」
媽媽：「當然呀！」

澄朗媽媽在平日當「惡媽」以外的時間，也是個有趣健談的媽媽，在那一次被澄朗問道自己是否真的被讚賞後，她半說笑半討論地問過孩子的感受，結果孩子也直接告訴她，自己很久沒有聽過媽媽的稱讚了，總是一天到晚都聽到媽媽因自己做不到甚麼而勞氣，所以當媽媽讚自己時，還是感到有點錯愕。

如果希望讚賞有效，<u>日常與孩子的正面相處也是非常重要的</u>，如果我們留意到從前的自己不少時候也處於生氣的狀態，當開始運用讚賞的技巧也不要太着急立即收到效果，我們需要時間學習轉變與孩子的相處，孩子也需要時間適應父母的轉變。

3 溫柔的父母是先天的還是後天的？生氣時不責罵孩子的秘訣

有一次參與了一個親子講座，講座後有爸爸媽媽提問的環節，有一個媽媽問我，有時在生活上看到孩子的破壞行為，自己雖然理解孩子的動機與破壞原因，但幾乎都是一開口就忍不住責怪孩子，她想知道有沒有好一點的方式處理。回答她時我簡單提供了一些情緒控制法和與孩子傾談問題的方式，那位媽媽就滿有動力的表示可以回去試試。

在講座的人都散去後，有另一位媽媽留了下來，她面有難色的問道，她覺得很多媽媽也很溫柔，她一直在想這是天生的還是後天的，而自己卻好像對孩子很惡，而原本的她不是這樣的性格；她特別想問問，聽我解釋如何與孩子傾談他的破壞時，她想知道那柔和的聲線是我天生的還是後天的。我後來把這件事告訴了我的爸爸，他笑了出來，並說如果我的聲線也算天生柔和，這世界應該沒有人不柔和了。

那個媽媽當時說了一句「我覺得自己可能這一世也做不到（溫柔的媽媽）吧」。溫柔的爸爸媽媽，當然有一些是天生的，有一部分人天生好脾氣，生活上都沒有脾氣，更何況是對自己的孩子呢？但溫柔的爸爸媽媽，也不是全都是天生的，有些人練習溫柔，也有些人在認知上理解到孩子的天性，行動上慢慢變得柔和起來；也有些父母，既不惡也不特別溫柔，但久不久還是會被孩子氣到發脾氣，事後又內疚起來，畢竟不是所有孩子都是「天使寶」，父母也會有自己的難處。

　　如果我們知道自己在照顧孩子時的生氣來源，有更好的方法處理孩子的行為，也有方法調節自己的情緒，生氣的次數便會自行減少，憤怒的情緒強度低了，生氣時就可以不責罵孩子，這就是後天的力量，令我們柔和平靜起來。

　　在猶豫自己會否做得到以不同的形式與孩子相處時，可能我給那位媽媽的答案也適合大家——「我想不少父母的溫柔也是後天的，而且還在努力中。不一定要溫柔才是好的，平靜、平和可能已經很不錯了。」

我為甚麼會生氣？動氣時怎樣控制情緒？

動氣時先了解自己生氣的原因。

　　幾乎大部分的父母也試過在與孩子相處的過程中動氣，但不少父母生氣的原因都不一樣，了解自己生氣的原因才是讓自己好好處理情緒反應的第一步，而不同的原因也有不同的處理方法，在這部分我們會先探討原因，然後在下一部分探討方法。

　　為甚麼不直接討論情緒控制的方法呢？因為不同的原因表現了當下我們生氣是欠缺了哪些元素，處理的方法也會有所不同，更重要的是我們希望對與孩子的互動和父母自己的特質多增加了解，而不是把父母動氣的原因簡單歸咎於「孩子不合作」、「爸爸／媽媽脾氣不好」這些表徵。

3.1 原因 1：孩子好像聽不到我的說話，完全不能叫停他們

孩子說好了 15 分鐘後把電視關上。

媽媽：「夠鐘了，把電視關上吧！」

孩子：「這卡通快做完了，可以……」

媽媽：「我說過幾多次不可以與我講數！你給我去罰企！」

　　其中一個父母常常生氣的原因就是孩子會重複做錯某一些行為，或是父母說出指示後（有時還說了很多次），孩子還是沒有跟隨，在這些情況，我們傾向重複自己的指令，有時候甚至會不小心立即動氣責怪孩子（像例子裏的「我說過幾多次不可以與我講數！你給我去罰企！」）。當與不少父母分析這個生氣的原因時，除了感到孩子好像聽不到自己的說話和不合作外，更多時憤怒是來自感到不被孩子尊重，把孩子的行為連接上「孩子根本沒有把我的說話放上心」這想法。那個行為如果獨立來看可能不是大事，但想到自己不被孩子尊重就是大事了，於是當下就很難不生氣。

3.2 原因２：管教疲勞

管教疲勞可以來自長時間對着孩子，這個問題在全職媽媽身上常常發生；也可以來自重複處理同一個情況，如一直處理孩子功課的都是爸爸，他也會在孩子出現不合作或問題時而感受到管教疲勞。當我們長時間對着孩子或與他一起做相同的每日任務（daily task），父母的耐性與情緒有些時候也會處於消耗過多（burnout），但因習慣生活的規律與緊迫的生活節奏，我們很容易忽略了自己的管教疲勞，甚至不察覺它的存在，往往是到臨界點或情緒爆發時，我們才為意到自己的管教疲勞，但那時可能我們已經發了脾氣，或是說出了令孩子傷心的說話。

3.3 原因３：沒有意識到自己的情緒 在急速轉變

在日常生活，特別是同時間要處理多過一件事（multi-tasking）的時候，我們很難留意到自己的情緒波動，也有些時候，眼前的煩惱很大，事情經已佔了我們大部分當下的精神（mental resources），我們的腦部沒有更多的空間留意當下的情緒轉變，這些情況當然也會出現在育兒的場景中。還記得上一章我們提到孩子不願離開的例子嗎？

> 孩子：「我不走！我要繼續玩。」
>
> 媽媽：「但真的沒時間了，我們說好下午三時要離開的！」
>
> 孩子：「但我未玩完呀……」
>
> 媽媽嘗試「捉走」孩子，但孩子賴在地上大哭。

　　這個就是眼前煩惱很大，也同時要處理孩子的行為（不願離開），又要思考如何趕及去下一個地方的情況。有不少父母在會診時都會提及類似的情況，在回應孩子情緒前（上一章提到的重點），他們自己已率先控制不到情緒，所以也很難在孩子不合作時使用與孩子談情緒的技巧。而共同的是，當分析情況時，大家也會說當時憤怒的情緒來得很快，根本不知在哪一刻就爆發了。我們有好辦法追生氣的風，捕「惡」的影嗎？

3.4 原因 4：生氣來自對孩子的期望與着緊，並非想孩子感受到自己的負面情緒

　　對孩子的期望與着緊，是很多父母對孩子的行為感到生氣的原因，也是有時候難以控制自己情緒的背後原因。我們對孩子的期望來自比較孩子與同齡孩子的表現、來自與孩子「做得到」的經驗作比較，也來自父母自己的價值觀。在澄朗媽媽看見澄朗放學回家時面上沒有了平日的笑容，媽媽也曾因自己的期望而感到生氣：

媽媽：「你今天怎麼了？」

澄朗：「沒事。」

媽媽：「為甚麼這樣的表情？」

澄朗：「我都說了我沒事！」

媽媽：「但你的樣子不像沒有事……」

媽媽都未把話說完，澄朗就回到自己的房間並關上房門。

　　當時媽媽固然有擔心，同時也生氣，媽媽當時生氣甚麼呢？與澄朗媽媽探討原因時，媽媽表示「問的問題不回應，還要把門關上，我小時候從來都不可以這樣對待父母」，原來她生氣的其中一個原因，<u>是自己的價值觀裏認為不可以不回應父母的提問</u>，而那個價值觀卻阻礙了她當下理解孩子在學校回來，對自己做錯事的擔心與失落。

　　對孩子的期望與着緊是正常父母的表現，期望與着緊不一定是錯的，但不一定合用，不合用的期望與着緊有時會讓人在着急下情緒更易波動，往往這些情況下父母的生氣與脾氣其實是在呈現失望，而不是單純希望孩子感受到自己的負面情緒。

期望會令我們覺得孩子做得到是「應該」的，於是當期望有落差時容易轉化成父母心中的負面感受與情緒表現。

了解原因後，採用不同的控制情緒方法。

3.5 方法 1：不用責罵孩子也令孩子聽到你的說話

我們很多時把說話說了一次，如果對方沒有跟着做，好像孩子沒有跟我們的指示一樣，我們會傾向重複自己的指令，也會提高聲線把說話再說一次，如果父母

用這樣的方式，除了易動氣外很多時都收不到效果，有時候真的很惡很大聲，孩子當下可能會停了下來，但卻會感到很害怕，長遠有機會令孩子的心理對環境過敏（hypervigilance）；而一直使用這個方法，有些孩子很快便會在行為上不理會父母的指令。如果上一章處理孩子情緒的例子對你的情況來說不夠真實，我們看看下面在街上發生的場面，應用不用責罵孩子也令孩子聽到你的說話之技巧：

NG
例子

孩子：「我不走！我要繼續玩。」
媽媽：「但真的沒時間了，我們說好下午三時要離開的！」

孩子沒聽到似的，立即大哭起來，並坐在地上。

有些爸爸媽媽會反映，他們的孩子沒有那麼容易會說出自己還想玩，而是一聽到父母的拒絕就會哭起來，好像不動氣不大聲就聽不到父母話似的。我們會先應用體諒孩子的感受，讓孩子也有空間處理情緒的技巧試試看。

孩子：「我不走！我要繼續玩。」

媽媽：「但真的沒時間了，我們說好下午三時要離開的！」

孩子沒聽到似的，立即大哭起來，並坐在地上。

媽媽蹲下來在孩子身旁（縮減與孩子的距離），輕拍孩子肩膊：「我也知道你很想玩耐一點……」

孩子點頭，但還在哭泣。媽媽等待孩子慢慢靜下來。

　　有時候父母生氣責罵孩子，可以是因為孩子當下不合作發脾氣，不願聽父母的話，如果孩子已經在發脾氣了，我們可以嘗試體諒孩子的感受，把孩子所想的說出，在這些情況，我們愈心急愈會有反效果，有時一大聲責罵孩子，孩子本來目的達不到的不快會再因被怪責而加強了，哭得更厲害，所以那一刻父母的耐心與等待也是技巧之一，讓孩子也有空間處理情緒，在等待期間不要說太多話，陪伴孩子反而更有效幫助孩子平靜下來。

在這裏特別留意，當孩子不合作時，又或是與我們有不同的意見時，我們要運用技巧「讓孩子對你say yes」，不論爸爸媽媽說甚麼，都可以想一想，我這樣說孩子會認同或say yes嗎？在這個例子中，媽媽說的「我也知道你很想玩耐一點……」，不只包含體諒孩子的感受，也是孩子會認同的說話。如果孩子一直對你說不（say no），不論是父母或是孩子都只會愈談愈生氣，不只沒辦法令孩子聽到父母的說話，更會令孩子與父母處於對立狀態。

讓孩子對你say yes不是代表我們就照着孩子的意思去做，我們依然會維持應有的原則，只是等當孩子情緒開始平靜下來，又或是孩子開始認同你的說話時，我們才開始談原則。

正面語句
例子

孩子說好了 15 分鐘後把電視關上。

媽媽：「夠鐘了，把電視關上吧！」

孩子：「這卡通快做完了，可以……」

媽媽柔和地看看孩子：「你說下去吧！」

孩子：「可以看完才關電視嗎？」

媽媽：「你好像很喜歡看這一套卡通呢！」

孩子：「對呀！」

媽媽：「不過今天好像有很多功課？」

孩子：「也是……」

媽媽：「其實我也想讓你看下去，只是今天我們晚了回來，要做的功課也不少呀！」

孩子：「唉……」

媽媽：「明天就是星期五，我們會有多一點時間看電視的，媽媽也想和你一起看呢！」

孩子雖然還是有點失落，不過也點點頭回到書桌。

在孩子想要看電視的那個情況中，媽媽用了讓孩子認同自己的話之技巧（「你好像很喜歡看這一套卡通呢！」和「不過我們好像今天有很多功課？」），讓孩子與媽媽的立場拉近，這個方法不只適合年幼的孩子，在與較年長的孩子相處時也可以幫助父母以溝通替代動氣。如果孩子的言語理解能力較好，又或是在較年長孩子的情況中，我們也可以運用讓孩子也明白你的想法與感受之技巧。

好像媽媽在這兒說到「其實我也想讓你看下去」，同樣地，父母的想法可以進一步拉近與孩子的距離，讓孩子知道父母也不是只談規則而沒有人性化的一面。很多父母因孩子不守規則與承諾而感到生氣，那一些規則

與承諾很多時也與環境時間限制有關，但不代表父母就是會否定孩子的興趣和行為（「媽媽也想和你一起看呢！」），同時，我們如果也讓孩子理解到父母的想法，而父母也可對孩子說出自己緊張的因由，彼此生氣的機會就會減低。

你可能會問傾談花的時間可能和孩子要看電視的時間差得不遠呢，可是花時間傾談也比起花時間放棄原有合理的規則好。花時間讓孩子聽得到父母的說話，不論對孩子的行為與成長，還是對父母處理管教的困擾與正面維繫親子關係來說，都是值得投資時間的。爸爸媽媽要不動氣其實也不只靠好脾氣，令孩子聽得到父母說話，我們有能力以慈愛而肯定（kind but firm）的方式處理到生活衝突，是不用動氣的重要元素。

不責罵也令孩子聽話的 4 個魔法

體諒孩子的感受，讓孩子也有空間處理情緒

父母的耐心與等待（如果孩子有情緒或脾氣）

讓孩子對你 say yes

讓孩子也明白你的想法與感受

3.6 方法2：我有管教疲勞嗎？我是不是需要休息了？

先前我們提到責罵孩子與生氣的其中一個原因也來自管教疲勞與壓力，過度的管教疲勞與壓力容易令人變成「惡爸惡媽」。處理管教疲勞的最好方式當然是休息，而休息也分成日常安排的休息和在處理孩子問題時需要的「冷靜間」。

日常安排的休息

這相對比較容易掌握，例如全職照顧孩子的媽媽或爸爸不少也會認為自己的工作就是處理家事與孩子，甚少特意安排休息時間給自己。當孩子上學的時候就處理家事，孩子放學後就照顧孩子，忽略了自身休息與減壓的需要，而在長期受壓下容易有情緒波動。因此，在日常安排中包含了休息時間，並於休息時間中選擇自己認為舒壓的活動是十分重要的。

有時候也有些父母擔心因為自己需要休息，而要找其他人短暫照顧孩子，又或是要安排孩子上一些興趣班會否對孩子不好呢？事實上父母有紓壓的時間，不會被管教疲勞拖垮，才可以保持平穩情緒面對孩子於生活上的種種挑戰；父母自身壓力過大，容易於生活中情緒波動，這才更影響到孩子。同樣地，在有些家庭中，父母可能有明確分工，如爸爸負責看功課，媽媽負責與孩子溫習，我們也會因長時間與孩子做同一項生活任務而感

受到管教疲勞，在適當的時候交換任務，甚至在較少任務的日子嘗試讓孩子自行完成，也是幫助父母調節管教壓力的方法。

處理孩子問題時需要的「冷靜間」

比起日常安排休息，相信不少爸爸媽媽更想知道的是當處理孩子問題感覺到自己開始生氣，再與孩子說下去的話應該很容易「一秒爆發」，可以怎樣做呢？澄朗的媽媽就有了這個疑問很多年，由於澄朗時常不能專心，媽媽形容自己與他溫習時非常容易「一秒變潑婦」，但當她想離開現場休息，澄朗又不准媽媽離開，是不是有甚麼環節出錯了？

NG 例子

媽媽看見澄朗在做數學題時玩擦膠。

媽媽：「你可不可以專心一點？」

澄朗：「我在想答案呀。」

媽媽：「你今天做得好慢，我一看就知你沒有在專心了！」

澄朗：「你不是說看書嗎？我也看到你不專心在看手機呀！」

媽媽：「甚麼？算了，我回房間去！」

澄朗：「吓……你不是說要坐在這兒，為甚麼又要走了？」

我們先不評價媽媽提醒澄朗的方法如何，不過可以看得到媽媽聽到不專心的孩子竟然駁嘴說自己不專心時（「你不是說看書嗎？我也看到你不專心在看手機呀！」），其實是在生氣爆發的臨界點，但當媽媽想離開，孩子又不想媽媽就此離開。在混亂中告訴孩子你需要休息是需要技巧的，即使是年幼的孩子，如果感到父母生氣了而又要離開當下的現場，都會有一種不安的感覺。如果一言不發走了，孩子會感到不安害怕，可能會產生更多情緒與脾氣，這個情況在診症時，見過3歲的孩子有這樣的反應，也見過13歲的孩子同樣有這樣的反應。

正面語句
例子

媽媽看見澄朗在做數學題時玩擦膠。

媽媽：「你可不可以專心一點？」

澄朗：「我在想答案呀。」

媽媽：「你今天做得好慢，我一看就知你沒有在專心了！」

澄朗：「你不是說看書嗎？我也看到你不專心在看手機呀！」

媽媽：「唔……媽媽有點累呢，我想你也是，我們休息一下再說！」

澄朗：「咦？好吧……」

在混亂中告訴孩子你需要休息的基本原理，就是要讓孩子合理地理解到我們要離開的原因。就好像例子中澄朗媽媽提出了大家也有點累要休息一下（<u>「媽媽有點累呢，我想你也是，我們休息一下再說!」</u>），這個是真確而可以被了解的事實，當下孩子也看似未能專心，即使媽媽與孩子繼續留在現場也未必是好事；另一方面，我們也不是突然離開，沒有讓孩子感到不安，而成功避免自己在當下就動氣責罵孩子。如果當時是與孩子有爭執，我們也可以<u>吸一口氣說「看來我們還未想到辦法，媽媽也要休息一下再想」</u>而讓自己在爭執現場先退場一下，冷靜過後再與孩子討論。重點是如果我們知道自己再說下去都不會是甚麼好說話時，就不要等到發火後才去休息，而是在當下就要給自己休息空間。

在日常生活中我們也可以向孩子說明「冷靜間」是甚麼，不只是孩子需要「冷靜間」，父母也有時會需要，當我們真的要去「冷靜間」休息時，孩子也不會很意外為甚麼父母要這樣做。

在混亂中告訴孩子需要休息的技巧，以令孩子感到安心為主。

可以說：

「媽媽／爸爸有點累呢，我想你也是，我們休息一下再說！」

如果當時與孩子有爭執可以說：

「看來我們還未想到辦法，媽媽／爸爸也要休息一下再想。」

3.7 方法 3：善用冷靜間的下火小法寶

當處理好孩子的期望，孩子知道父母有時也要去「冷靜間」了，接着下來很多人也會問，那我把自己關在房裏做甚麼好呢？如果我還是一直想着剛才孩子不聽話的事，我再回到現場還不也是會怒氣沖沖嗎？所以，在休息間也有一些小法寶可以讓當下還在生氣的父母平復心情。

一般而言，我們生氣時全個人也會繃緊起來，呼吸也會比平常急促，因此當下放鬆身體與呼吸，可以有穩定情緒的作用，我們可以做簡單的呼吸鬆弛法，（有關「呼吸鬆弛法」可詳見「附錄」）聽一些令人放鬆的輕音樂，最簡單也可以慢慢地吸氣與呼氣8至10次（一吸一呼為1次），先讓情緒平穩下來。有些時候，可能當我們情緒平靜下來後已經可以回去處理孩子的情況。

可是，如果光是情緒上平靜下來還未足夠，父母也可以給自己思想上正面的養份。在照顧與管教孩子的生活中，我們容易因眼前的困擾而忘記孩子的努力與優點，因此在「冷靜間」如有物品可以提示孩子的正面之處，也是在壓力中很好的養份，能夠中和我們的憤怒。那一些物品可以包括你和孩子的相片、孩子送你的小勞作又或是生日卡、孩子畫的全家幅等等。這些物品可以喚起父母對孩子的愛，也可以讓父母感受到孩子對自己的愛。曾經有一個爸爸對我說，當他對孩子破口大罵後，孩子在客廳哭了，自己回到房間看到孩子寫給自己的生日卡自己也哭了。

生活的困擾讓人一時看不到愛，父母不用等到自己發脾氣後才後悔，這些物品可以充當「生活冷靜劑」，讓愛呈現在眼前，也讓我們以不一樣的態度面到先前的育兒困擾。

當孩子開始長大，父母可能會發現那些可當作養份的物品少了，我們也可以考慮做一本正向記事簿。不少媽媽也在孩子是初生嬰兒時做過成長日記記錄孩子的轉變，但卻沒有很多人會為大了的孩子做記事簿。<u>正向記事簿的概念是把孩子的好行為，又或是我們與孩子相處的歡樂趣事記下來</u>，可以簡單如你與孩子去超市買日用品時，孩子主動幫你拿東西回家。孩子進入高小以至青春期，可能會更有自己的想法，更易與父母有不同的意見，正向記事簿可以協助父母多留意孩子好的一面，成為我們的長期正向養份，當然也可以在「冷靜間」拿出來看，成為一劑帶有甜味的下火茶。

「冷靜間」下火茶藥方

和孩子一起拍照的相片

孩子的生活影片

孩子送你的小勞作、生日卡

孩子畫的全家幅

日常和孩子寫下的打氣對話

正向記事簿

任何你與孩子有關的記錄／物品

「冷靜間」下火茶藥方功效：清熱降火，藥性帶甘甜

3.8 方法 4：留意自己的情緒轉變，在破口大罵前停止自己正在做的事

上一節我們了解到如何準備下火法寶，卻有些父母在實行上還是會遇到困難的，最常見的困難是生氣的感覺來得好快，在幾秒之間已經衝口而出開始責罵孩子了，找不到退場到「冷靜間」的平衡點。如果留意到自己有這樣的情況，我們可以透過分析從前動氣的經驗留意自己內在的情緒轉變，找出自己的「情緒溫度」。

在會診中，我們常常會以0-10分去衡量感覺的強度，例如在0-10分裏，我當時有幾多分憤怒或生氣的感覺呢？特別是在自己真的破口大罵前，那感覺又會有幾多分呢？當父母掌握到自己一般大約在那個分數時會有更強烈的情緒反應，我們就會在那個分數之前作為分野點，<u>即是顯示我們要停止當下的管教，給自己休息的空間。</u>

例如當我們發現憤怒情緒溫度在7分的時候，常常都會開始與孩子說話愈說愈激動，那麼6分就會是那個顯示我們要停止當下管教的分野點。同時，當與孩子意見不合，或是在生活上遇到孩子不合作的情況，我們就知道自己開始需要檢查自己內心的情緒感受，更為意自己在甚麼時間要停下來。

3.9 方法 5：期望調節

　　最後，有些時候父母可能也需要調節自己對孩子的期望，如果孩子有些行為是你試過用很多方法也不能穩定地做到，有機會是在顯示孩子其他的需要，如孩子可能真的做不到、孩子需要幫助等。好像在澄朗的例子中，媽媽都不期望他會是操行良好的模範生，卻也接受不了孩子在學校與朋友打架。在責罵、懲罰與媽媽生氣的負面相處中，媽媽開始理解到孩子可能是需要學習情緒管理與社交應對，如果一直期望孩子應該要像其他同學一樣沒有幫助問題，一有問題就緊張地責怪，反而只會增加孩子與爸爸媽媽的情緒和生活壓力。當爸爸媽媽把期望調節了，自然會減低對孩子的責怪，孩子反而更願與父母溝通。

👍 正面語句
例子

媽媽聽老師說澄朗在課外活動堂好像和另一個同級同學吵了兩句，但老師都未過到去看他們問題經已平息了。媽媽想知道發生甚麼事。

媽媽：「今天課外活動堂好玩嗎？」
澄朗：「普普通通吧！」
媽媽：「我聽老師說好像有個同學在堂上過來和你說了一些話呢！」

> 澄朗：「這樣你也知道……」
>
> 媽媽微笑說：「沒甚麼的，我都是想了解一下而已，而且聽說你都自己解決了。」
>
> 澄朗笑一笑：「我上次學的方法竟然真的有用呢！」
>
> 媽媽：「真的？」
>
> 澄朗：「對呀，所以也沒有和那個人吵起來！」
>
> 媽媽：「那就真是太好了！」

在澄朗媽媽調節自己對澄朗的期望後，當她聽到孩子在學校發生的事時，她反而會想想孩子是不是有甚麼需要幫忙或是傾談（在例子中媽媽對事件的回應是「沒甚麼的，我都是想了解一下而已，而且聽說你都自己解決了」），而不是只追問孩子在學校做了甚麼。她也不要求孩子一下子會變成甚麼問題也沒有，而轉成與孩子訂立短期目標，把期望拆細讓孩子可以一步一步做得到。

所以我們在這裏說的是調節期望，而不是下調期望，父母不一定要放棄原來合理的期望，只是有期望也要有方法協助孩子達成，才不會令期望變成管教與家庭壓力。有時生活上要做的林林種種實在太多，我們不小

心成了惡爸惡媽的其中一個原因都是有着「希望孩子做得更好」的期望所致，而忘記了當父母等待孩子出世，看着孩子在媽媽肚裏一天比一天長大時，我們的期望只是簡單的希望孩子健康、快樂，並擁有愛與希望。

正向 checkpoint

別讓期望成為孩子的壓力，也別讓期望成為父母的壓力。每個父母的初心與原始寄望，就是希望孩子健康、快樂、並擁有愛與希望。

後記

媽媽減少嚴苛說話，幫助澄朗減少壞情緒

澄朗是一個專注力不足的孩子，但靠着他的聰明與媽媽的管教成績一直尚可，直到澄朗在學校與朋友常發生碰撞才正式求診。澄朗在開始求診後一段時間才表達出他不太喜歡自己的好朋友，因為好朋友久不久就會拿他來開玩笑，自己又不知道如何處理，可是他的行為與心態卻一直得不到老師和父母的理解，而他也不太習慣告訴其他人自己的想法。因此，除了孩子接受情緒調節與社交應對的治療外，媽媽與孩子的相處也是當時主力希望改善的問題之一。

這個孩子是非常上心自己的事，他把在治療中學到的技巧在家中練習，連媽媽也感到大開眼界，同時開始增加對孩子的信任，並從否定轉為多肯定孩子。澄朗有次在會診中提到媽媽很煩，於是我問他，會不會想媽媽煩他少一點呢？澄朗想了一會兒，自己也笑了出來，然後說他覺得自己都是寧願媽媽繼續煩自己，可以看到澄朗對媽媽的重視。

媽媽在過程中也很努力改善自己與孩子談話的方式和減少使用嚴苛的言詞對待孩子。可以想像到，澄朗的情況在他與家庭的努力下很快就有所改善，當情緒與社交壓力都減低了，孩子就有更多空間參與他喜歡的課外活動與溫習，連帶其他方面的表現都有好轉過來。

　　有一次媽媽向我反映，孩子有一天在搭車時倚在她的肩上，她才發現原來孩子很久沒有這樣親近自己了，可能自己先前真的太惡了，可幸是最後大家也還可以修復到彼此的關係，重新感受到親子間的幸福！

附錄一：呼吸鬆弛法

在前文中我們提到的呼吸鬆弛法，是簡單而易用的平復情緒方法，而且不論在甚麼情況也不需要其他工具輔助就可以做到！

當我們感受到強烈情緒如緊張、忟憎、生氣時，平日學到的理性分析也可能拋諸腦後，但如果平日有恆常練習簡單的呼吸鬆弛法，即使在經歷強烈情緒時也可以用作平復當下的感受。

成年人要在「危急關頭」穩定自己的情緒也要靠日常的練習，小朋友就更是需要在生活上多運用，而在日常生活中練習呼吸鬆弛法，也可以幫助改善生活壓力。

在這裏我會介紹三種簡單的呼吸法，也有小朋友合用的呼吸法，讓大家可以與家中小朋友一起練習與減壓。

人人合用的深呼吸練習

步驟

1. 先找一個舒適的位置坐下來，雙腳着地
2. 深深吸一口氣，在心裏數 1，2，3，4，5
3. 然後停一停
4. 慢慢呼氣，也在心中數 1，2，3，4，5
5. 重複步驟 1 至 4，大約 3 分鐘

提示

1. 年幼（上了幼稚園）的孩子也可以做這個練習，步驟 2 與 4 數 1，2，3 會比較適合幼兒的認知。
2. 初初與幼兒做呼吸練習，孩子可以做三個呼吸循環就不錯了，到孩子習慣了可以與他做長時間一點。

給 5-10 歲的兒童 ── 小船呼吸法

這個是我在臨床與生活上都喜歡與兒童使用的靜觀呼吸法。不少孩子到五歲開始，又要應付學校功課，也要參加不少比賽與面試，生活上無形的壓力也需要出口。這個呼吸法適合於日常生活天天練習作情緒調節用！

步驟

1. 請孩子坐 / 躺下來，把手放在肚子上，合上雙眼
2. 輕輕吸氣，感受肚子慢慢向上升
3. 輕輕呼氣，感受肚子慢慢扁下來（重複步驟 2 至 3）
4. 想像你看到沙灘的海上有一隻小船，當你吸氣時小船隨着海浪向上升
5. 呼氣時小船隨着海浪向下回到原來位置（重複步驟 4 至 5 三、四次）
6. 現在，我們再一次回到肚子，注意吸氣時肚子慢慢向上升，呼氣時肚子慢慢扁下來；吸氣時肚子慢慢向上升，呼氣時肚子慢慢扁下來，然後完成練習！

提示

有些孩子比較活潑好玩，未必一開始就願意合上雙眼，其實張開眼睛做也可以的。同時可以與孩子一起配合用手做出小船升起與下沉，讓孩子更易投入！

方形呼吸法（適合成人與上了小學的孩子）

　　形狀呼吸法是比較簡單易明的呼吸法，好處是同樣可以透過想像形狀而令心神從當下的緊張狀態中放鬆下來。父母與孩子都可以使用這個呼吸法，也適合較成熟的孩子。

步驟

1. 用手指畫正方形，畫第一條線，慢慢吸氣數1，2，3
2. 畫第二條線，慢慢呼氣數1，2，3
3. 畫第三條線，慢慢吸氣數1，2，3
4. 畫最後一條線，慢慢呼氣數1，2，3
   （重複步驟1至4四次）

提示

1. 當熟習了過程，就不用再以手指畫正方形，在腦裏想像就可以
2. 在家中可天天練習，多習慣在腦中想像畫出正方形，在生活上有需要時會更易使用得到

附錄二：正向金句卡

你今天這樣主動【好行為：如做功課／做家務／收拾】，
媽媽／爸爸感到好高興！
作用：鼓勵主動性

雖然你不太會做這份功課／洗碗／彈這首歌／，
但我見到你很努力堅持，很值得欣賞呢！
作用：鼓勵孩子堅持

你做功課／砌積木／玩遊戲不懂時，媽媽／爸爸看到你
想辦法解決，做得真好呢！
作用：鼓勵孩子解決問題

雖然我們等了很久【可以是等車／等位／排隊玩遊戲】，
你還是耐心地等待，真是有耐性呢！
（有時就算甚麼也沒有發生，而孩子也不一定常常做到，
也不要忽略孩子的好行為）
作用：欣賞孩子有耐性的一面

【當孩子願意嘗試面對自己害怕的事物】其實媽媽／爸爸
也知道你有點害怕，但你也沒有離開，真是勇敢呀！
**作用：我們眼中的一小步其實是孩子的一大步，欣賞孩
子的勇氣可幫助孩子面對恐懼。**

雖然你做錯了，但你願意對爸爸／媽媽講真話，也是誠實的好行為！

作用：鼓勵誠實——孩子不能永不做錯事，誠實面對自己的過錯才是改進的關鍵。

【孩子發問為甚麼，或是表示想了解更多後】

似乎你對這個很有興趣呢，真好！

或

你這個問題問得很好，我們一起研究一下吧！

作用：鼓勵好奇心——不少父母也反映孩子似乎喜歡打機多於好學，當孩子表現好奇心，也適宜把握機會給予正向回應。

爸爸／媽媽知道你很喜歡玩這個遊戲（電子遊戲），但當你知道夠鐘就願意把電話交還給我，我很高興呢！

作用：欣賞孩子能自控——電子遊戲盛行，不少孩子也不是常能自控，因此當孩子做到時宜多給予正面鼓勵。

如果你的孩子主動、堅持、有耐性，
願意學習、也有好奇心，不論他做甚麼，
結果又怎會差呢？

希望正向鼓勵孩子，
最重要是鼓勵過程，而非只着重結果。

附錄三：給父母重溫的「正向育兒法」金句

- 正面的關注與讚賞是息息相關並是讓孩子行為變得更正面的必要因素。

- **在分離的現場，太多說話未必比少說話好，如果想要關顧孩子的感受，可以待回家後有需要才討論。**

- 對於有些不太喜歡被改正或協助的孩子，我們有時也可活用輕鬆的說話，令父母在提出意見時的氣氛變得柔和一點。

- **在介紹可以協助孩子改善行為的物品時，我們可以使用小幫手、好方法這些正面用語令孩子知道我們不是要懲罰他，而是在與他一起解決困難。**

- 不要擔心讓孩子選擇會否寵壞孩子，讓孩子選擇能令孩子感到生活的自控權(sense of control)大了，孩子反而不用與父母在控制權上爭持（power struggle），少了一個反叛與不合作的原因。

- **習慣讓孩子承擔後果除了幫助孩子從後果中學習，也可正面培養責任感，不會到長大了後還要依靠父母替自己的行為或疏忽負責。**

- 自然後果不是放着孩子不管，而是父母在過程中，可以為孩子提供「做得到」的方法與協助，但最後的結果會由孩子自己負責。

- **每一個行為問題背後也在反映孩子的某些需要，而不是反映孩子單純的不合作，這就是我們要使用獎勵與輔助的原因。**

- 希望好行為增加，我們不只着重取走令孩子出現行為問題的物品與因素，也要按孩子的需要給予輔助與正面鼓勵，才可令好行為持續下去。

- **我們想化解孩子對說真話的恐懼，最重要是要讓孩子知道怪責與懲罰不是父母的原意，大家還是可以一起找出更好的方式處理做得不夠好的行為。**

- 正面期望不只包括我們希望及陪伴孩子做到好行為，也包含我們對孩子能力上的理解與接納，最重要的是讓孩子知道即使他做得不夠好，父母對他的愛與支持是不會改變。

- **當孩子說起自己的感受與不安時，只要點點頭與給予最簡單的回應，就已經能給孩子空間去表達自己的感受，並感覺到父母明白自己。**

- 看見孩子不開心或發脾氣，如果我們問「為甚麼你發脾氣了」，感覺會似怪責多於我們想了解。

- **即使孩子開始有脾氣或哭起來了，描述孩子當下的情緒可以說是成功令你與孩子站在同一陣線的好方法，同時也可避免他們因感到不被明白而發更大的脾氣。**

- 孩子不害怕説出自己的負面感受，視與爸爸媽媽談情為舒服與舒壓的方式，讓負面情緒有健康的出口是我們的最終目標。

- **如孩子「忟憎」時，我們會避免使用緊張與生氣的語氣，免得孩子聽我們的說話時「愈聽愈忟」；我們可以使用平和而肯定的語氣與孩子談當下的情緒，與及後的處理。**

- 我們和孩子「談情」時最好與孩子在同一水平線、身體微微向前傾、手輕輕放在孩子的手臂或背部表示關懷，這個就是讓孩子最容易「聽得見」，並接納你的説話之身體語言。

- **當爸爸媽媽運用自己的經歷和孩子談失敗時，說出自己也有過孩子的感受，才可讓孩子理解到失敗的難受與不安原來不是自己獨有的問題，從而減低對失敗感覺的抗拒感。**

- 如果我們希望幫助孩子在失敗中保持信心，可以欣賞孩子在過程中的努力，給予肯定。

- **不借孩子的失敗再一次責怪孩子，向孩子說明父母的愛跨越孩子的成功與失敗，你就可以成為孩子面對人生起伏的最佳後盾，讓孩子在人生中保持接受挑戰的自信心！**

- 如果我們常常批評孩子，孩子更容易感到自卑，他們未必會因父母的説話而討厭父母，但父母的批評卻令孩子討厭自己。

- 雖然讚賞是有鼓勵好行為的作用，但如果每次讚賞都同時要求孩子做得更多，很快孩子便會知道讚賞背後的目的，讚賞就會因此而失效。

- 如果孩子已經在發脾氣了，我們可以嘗試體諒孩子的感受，把孩子所想的說出，那一刻父母的耐心與等待也是技巧之一，讓孩子也有空間處理情緒，在等待期間不要說太多話，陪伴孩子反而更有效幫助孩子平靜下來。

- **爸爸媽媽要不動氣其實也不只靠好脾氣，令孩子聽得到父母說話，我們有能力以慈愛而肯定（kind but firm）的方式處理到生活衝突，是不用動氣的重要元素。**

- 生活的困擾讓人一時看不到愛，父母不用等到自己發脾氣後才後悔，這些可當作養份的物品可以充當「生活冷靜劑」，讓愛呈現在眼前，也讓我們以不一樣的態度面到先前的育兒困擾。

- **當爸爸媽媽把期望調節了，自然會減低對孩子的責怪，孩子反而更願與父母溝通。父母不一定要放棄原來合理的期望，只是有期望也要有方法協助孩子達成，才不會令期望變成管教與家庭壓力。**

- 我們不小心成了惡爸惡媽的其中一個原因都是有着「希望孩子做得更好」的期望所致，而忘記了當父母等待孩子出世，看着孩子在媽媽肚裏一天比一天長大時，我們的期望只是簡單的希望孩子健康、快樂，並擁有愛與希望。

不動氣也可
教出好孩子
家長必讀的正向育兒課

著者
黃詠詩

責任編輯
周宛媚

裝幀設計
鍾啟善

排版
劉葉青

出版者
萬里機構出版有限公司
香港北角英皇道 499 號北角工業大廈 20 樓
電話：2564 7511　　傳真：2565 5539
電郵：info@wanlibk.com
網址：http://www.wanlibk.com
　　　http://www.facebook.com/wanlibk

發行者
香港聯合書刊物流有限公司
香港新界大埔汀麗路 36 號
中華商務印刷大廈 3 字樓
電話：2150 2100　　傳真：2407 3062
電郵：info@suplogistics.com.hk

承印者
美雅印刷製本有限公司
香港觀塘榮業街 6 號海濱工業大廈 4 樓 A 室

規格
32 開（210mm×142mm）

出版日期
二〇二〇年八月第一次印刷
二〇二一年八月第二次印刷